처음 만드는
라탄 소품

지은이 최은지, 김민정
펴낸이 정규도
펴낸곳 황금시간

초판 1쇄 발행 2019년 7월 1일
초판 4쇄 발행 2022년 1월 17일

편집 신소연 권명희
디자인 ALL designgroup
사진 김하영

황금시간
Golden Time

주소 경기도 파주시 문발로 211
전화 (02)736-2031(내선 360)
팩스 (02)738-1713
인스타그램 @goldentimebook

출판등록 제406-2007-00002호
공급처 (주)다락원
구입문의 전화 (02)736-2031(내선 250~252)
　　　　팩스 (02)732-2037

값 15,000원
ISBN 979-11-87100-75-1 13630

처음 만드는 라탄 소품

최은지 · 김민정 지음

 황금시간

prologue

라탄 공예는 등나무를 뜻하는 라탄(rattan)을 이용해 여러 가지 작품을 만드는 공예로

등공예라고 부르기도 해요. 작은 바구니부터 집 안 곳곳을 꾸미는 가구까지 라탄 공예

로 만들 수 있는 작품은 무궁무진하답니다. 실생활에 필요한 소품들을 직접 만들 수 있

는 것이 라탄 공예의 가장 큰 장점이자 즐거움이 아닌가 싶어요.

작품을 만들면서 라탄 줄기의 움직임과 손끝에만 온전히 집중하는 시간을 가져보세요.

조금 서툴거나 느려도 괜찮아요. 사람마다 만드는 속도는 다르지만 시간이 한정되어

있는 건 아니니까요. 모두 각자의 속도와 스타일로 만들어가다 보면 어느 하나 똑같은

작품이 아닌, 자신만의 개성을 담은 작품이 완성될 거예요. 정답이 정해진 게 아니니 다

양한 방법을 시도하며 자유롭게 작품을 만들어 보세요.

라탄 공예를 처음 접하는 분도 쉽게 도전해볼 수 있도록 시작부터 마무리까지 친절하

고 자세하게 설명하고자 노력했습니다. 이 책을 통해 더 많은 분이 라탄 공예를 쉽게 접

하고, 또 좋아하게 되기를 바랍니다.

최은지, 김민정

BASIC
Rattan basic props

1.

라탄 기본 소품

* : 만드는 과정을 유튜브에서 볼 수 있습니다.

contents

APPLICATION
Rattan application props

2.

라탄 응용 소품

RATTAN CRAFT
The basics of rattan craft

3.

라탄 공예의 기초

HOW TO MAKE

4.

Rattan
basic 라탄 기본 소품
props

라탄 공예의 기본적인 기법들을 활용하여
실생활에 필요한 소품들을 만들 수 있습니다.

01

How to make p.082

_____

코스터

라탄 공예의 가장 기본적인 기법으로 만든 코스터입니다.
시원한 음료를 담은 유리잔의 코스터로 사용해 보세요.

플라워 코스터 꽃모양으로 마무리를 하면 화려한 플라워 코스터를 완성할 수 있어요.

다양한 사이즈로 만들어 냄비나 컵 등의 받침으로 활용해 보세요.

03

How to make p.090

원형 트레이

내추럴한 디자인의 트레이입니다.
접시를 올려 사용하기에 적당한
사이즈예요. 과일이나 채소,
작은 물건 등을 올려 두면
근사한 인테리어 소품이 돼요.

04

How to make p.094

굽 있는 원형 트레이

원형 트레이를 응용해서 만든 굽이 있는 트레이에요.

용도에 맞게 굽을 만들어 사용해 보세요.

05

How to make p.098

타원형 바스켓

타원형 모양의 바스켓은 활용도가 높아 손이 자주 간답니다.
손잡이를 달면 더욱 편리하게 사용할 수 있어요.

회오리 코스터

회오리 모양으로 엮어 디자인한
코스터예요. 흔하지 않은 디자인이라
새로운 기법을 배울 수 있어요.

06

How to make p.106

07

How to make p.110

원형 바스켓

내용물이 살짝 보일 수 있도록
울타리 무늬로 디자인한 원형 바스켓입니다.

플랜트 바스켓

작은 화분을 담아 인테리어 소품으로
활용해 보세요. 손잡이나 끈을 달면
더욱 편리하게 쓸 수 있어요.

08
How to make p.114

Rattan
application
props 라탄 응용 소품

기본 기법을 응용하여 더욱 다양한 디자인의
인테리어 소품들을 만들 수 있습니다.

09

How to make p.118

컵 홀더

빈티지한 라탄 컵 홀더를 만들어 나만의 홈카페를 완성해 보세요.

코스터와 함께 사용해도 좋아요.

10

How to make p.122

테이블 매트

내추럴한 디자인의 타원형의 테이블 매트를
만들어 식탁 위를 꾸며보세요. 더욱 분위기
있는 식사시간이 될 거예요.

피크닉 바스켓 나들이 갈 때 필수품인 피크닉 바스켓이에요. 용도에 맞게 다양한 사이즈로 만들어 보세요.

12

How to make p.138

핸들 바스켓

양쪽에 손잡이를 만들어 안정감이 느껴지는 바스켓입니다.
기본 원형 바스켓에서 응용한 디자인이에요.

통통 바스켓

이중으로 만들어서 더욱 튼튼한
바스켓이에요. 통통한 모양을
살리는 게 포인트랍니다.

13
How to make p.146

14

How to make p.152

라탄 거울

심플하면서도 흔하지 않은 디자인의 라탄 거울입니다.
다양한 사이즈로 만들어 인테리어 소품으로 활용해 보세요.

라탄 조명 갓

어느 곳에나 잘 어울리는 모던한 디자인의 라탄 조명 갓이에요.
조명 갓 하나만 바꿔도 세련된 분위기를 연출할 수 있어요.

라탄 공예의 기초 # The basics of rattan craft

라탄 공예 시작 전 꼭 알아두어야 할 내용이에요.
기초를 다질 수 있도록 꼼꼼히 읽어보세요.

라탄 공예란

라탄(rattan)이란 등나무를 뜻하며 라탄 공예는 등나무를 이용해 여러 가지 소품들을 만드는 공예로 등공예라고도 부른다. 특별한 도구 없이 물과 손끝을 이용하여 라탄 줄기를 구부리거나 접으며 실생활에 필요한 실용적인 소품, 가구 등을 만들 수 있는 게 가장 큰 특징이다.

라탄 재료는 주로 동남아 지역에서 자생하는 등나무를 이용해 환심, 피등, 평심, 반평심 등으로 가공하여 만든다. 만드는 작품의 용도에 맞게 다양한 라탄 재료를 활용해 볼 수 있다. 이 책에서는 주로 환심을 사용했다.

준비물

1. **줄자** 작업 전 날대를 재단하거나 작업물 사이즈를 잴 때 사용한다.
2. **송곳** 덧날대를 끼우거나 부러진 날대를 교체할 때, 또는 작업 중 휘어진 날대를 바로잡을 때 사용한다.
3. **가위** 날대를 자르거나 작품 완성 후 튀어나온 날대와 사릿대를 정리하기 위해 사용한다. 물에 강하고 끝이 뾰족한 가위가 사용하기 좋다.
4. **분무기** 작업 도중 재료가 마를 때마다 분무기로 수분을 공급한다.
5. **라탄** 라탄 공예에 사용하는 라탄은 환심, 피등, 평심, 반평심 등이 있다. 이 책에서는 환심 중에서 2.0mm, 2.5mm, 7.0mm를 사용했다.

1   2   3   4

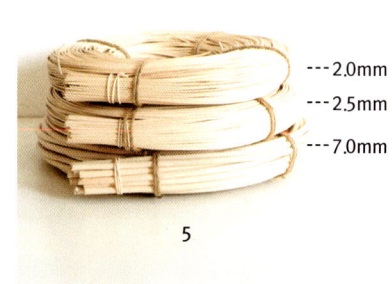

--- 2.0mm
--- 2.5mm
--- 7.0mm

5

용어

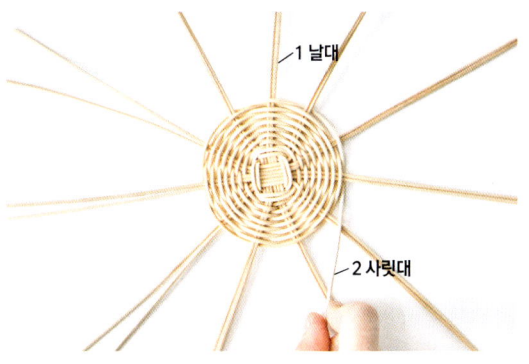

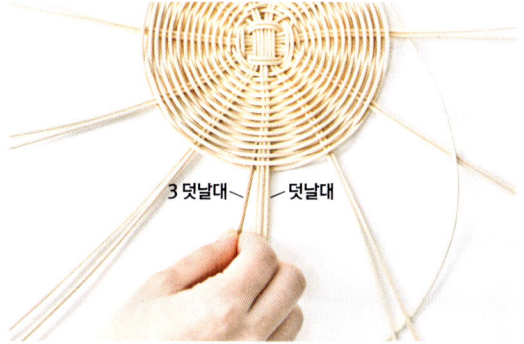

1. 날대 작품의 전체적인 뼈대가 되는 역할을 한다.

2. 사릿대 날대 사이사이를 엮어가며 작품의 살을 채워 전체적인 모양을 만든다.

3. 덧날대 날대와 날대 사이 간격이 약 2.5cm 이상 되면 작품의 견고함이 떨어진다. 이때 덧날대를 끼워 뼈대를 더 늘린다.

재료 소분하기

1. 환심 한 단을 물에 충분히 적신다.

2. 묶여 있는 끈을 풀어 환심 한 줄씩 동그랗게 말아 사용한다.

3. 작업하기 전에 재단한 날대와 사용할 만큼의 사릿대를 물에 10분 정도 불린 후 시작한다.

* 라탄은 습기에 약하기 때문에 사용하던 라탄 재료와 완성한 작품은 항상 건조시킨 후 보관, 사용한다.

날대 재단하기

마무리 15cm 마무리 15cm

전체 바구니 사이즈

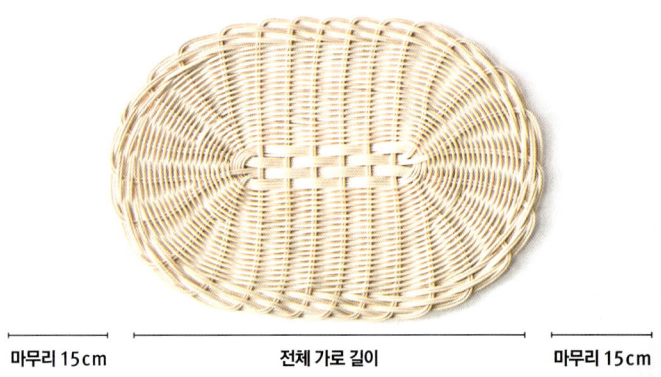

마무리 15cm 전체 가로 길이 마무리 15cm

1. 만들고 싶은 작품의 전체 사이즈를 재고, 마무리 작업을 위해 양쪽 끝에 15cm씩 여유를 주고 재단한다.

2. 타원형의 경우 가로 길이 기준으로 날대를 재단하고, 세로 날대는 가로 날대 사이즈에서 10cm를 뺀 만큼 재단한다.

예시)

1) 원형 바스켓 = 마무리 + 높이 + 바닥 지름 + 높이 + 마무리

2) 타원형 테이블 매트 = 가로 재단: 마무리 + 전체 가로 길이 + 마무리

세로 재단: 가로 재단 - 10cm

＊마무리 기법에 따라 15cm 보다 더 길게 여유를 주고 재단할 수 있다.

기법

[바닥 짜기]

1. 십자 바닥

01 세로 날대 5줄, 가로 날대 6줄을 이용하여 십자 모양을 만든다(날대 11줄 기준).

02 사릿대 한 줄을 오른쪽 날대 밑으로 넣어 반 접어 올린다.

03 사릿대를 시계 반대 방향으로 돌리며 위쪽 날대 아래로 통과시킨다.

04 사릿대를 왼쪽 날대 위로 통과시킨다.

05 사릿대를 아래쪽 날대 아래로 통과시킨다.

06 같은 방향으로 한 바퀴 더 반복한다.

07 사릿대를 반대 방향으로 접는다.

08 사릿대를 시계방향으로 돌리며 왼쪽 날대 아래로 통과시킨다.

09 사릿대를 위쪽 날대 위로 통과시킨다.

10 사릿대를 오른쪽 날대 아래로 통과시킨다.

11 같은 방향으로 한 바퀴 더 반복한다.

2. 우물정 바닥

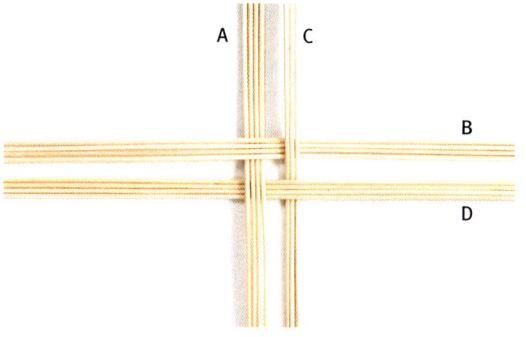

01 사진과 같이 A~D의 순서대로 날대를 4, 4, 3, 4 줄씩 배열한다. 이때, A 날대를 D 날대 위로 올린다.

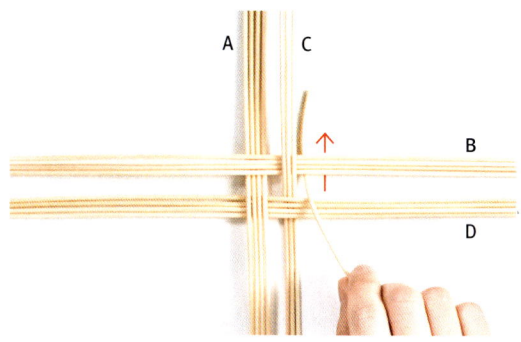

02 사릿대 한 줄을 B 날대 아래로 넣는다.

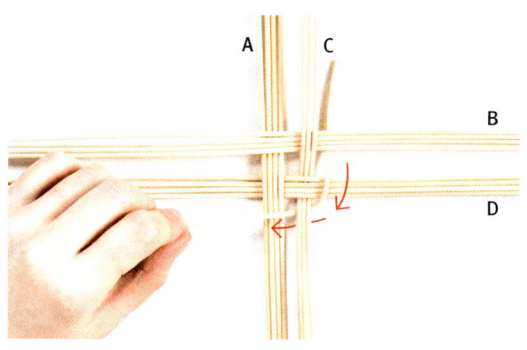

03 사릿대를 시계방향으로 돌리며 D 날대 위, C 날대 아래로 통과시킨다.

04 같은 방법으로 위아래 반복하며 한 바퀴 엮는다.

05 같은 방향으로 총 네 바퀴 엮는다.

3. 쌀미 바닥

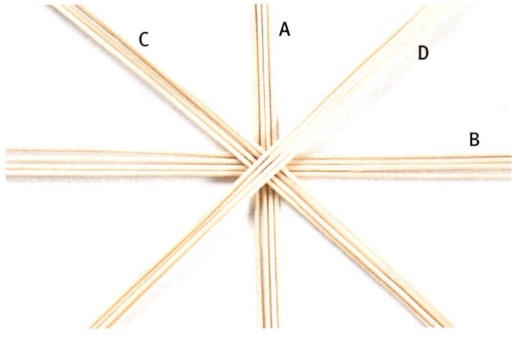

01 날대를 4줄씩 A~D 순서대로 쌀미(米) 모양으로 배열한다.

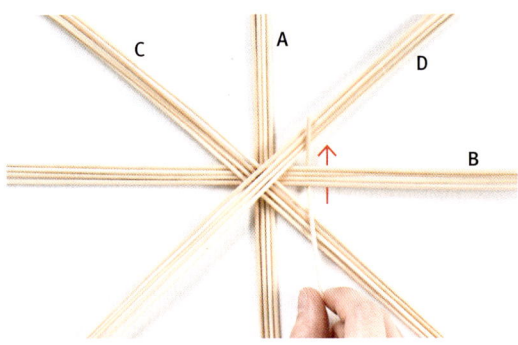

02 사릿대 한 줄을 B 날대 아래로 넣는다.

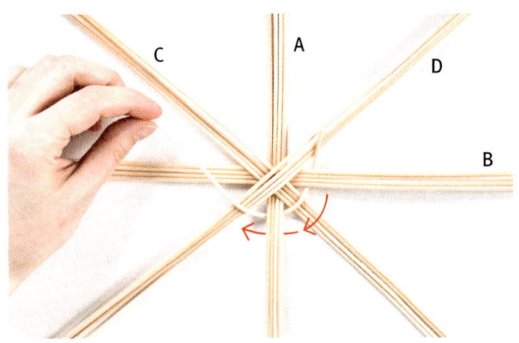

03 사릿대를 시계방향으로 돌리며 C 날대 위, A 날대 아래로 통과시킨다.

04 같은 방법으로 위아래 반복하며 한 바퀴 엮는다.

05 같은 방향으로 총 네 바퀴 엮는다.

4. 타원 바닥

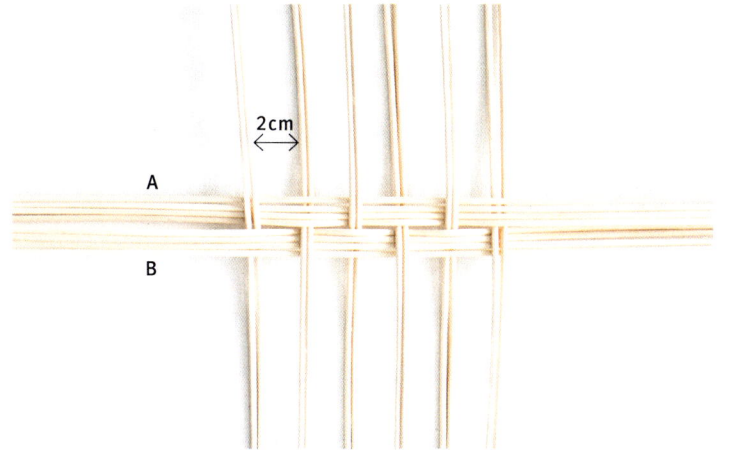

01 사진과 같이 A 날대 4줄, B 날대 4줄 사이에 세로 날대 2줄씩 교차로 배열한다. 이때, 세로 날대 사이 간격은 약 2cm로 한다.

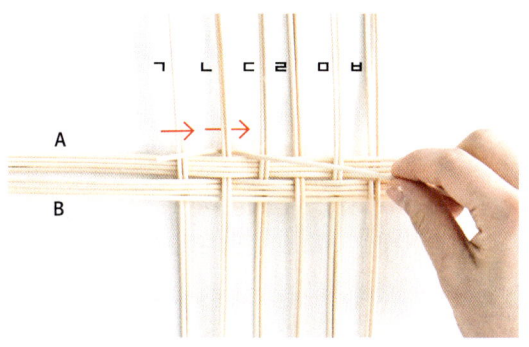

02 사릿대 한 줄을 ㄱ 날대 위, ㄴ 날대 아래로 넣는다.

03 사릿대를 날대 위아래 반복하며 시계방향으로 엮는다.

04 사릿대를 타원 모양으로 살리며 A, B 날대 위아래 순으로 엮는다.

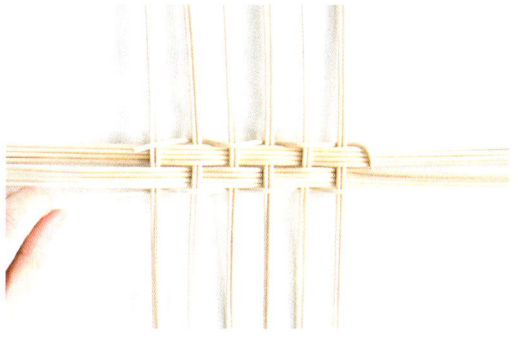

05 같은 방향으로 사릿대를 위아래 순으로 엮는다.

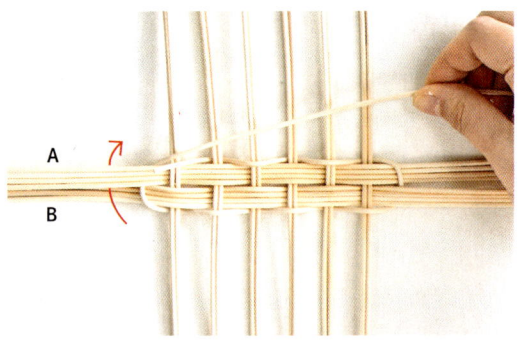

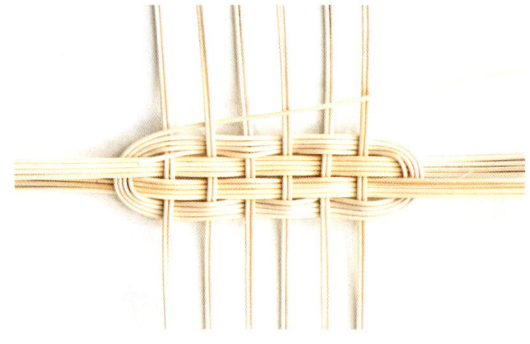

06 사릿대를 타원 모양으로 살리며 B, A 날대 위아래 순으로 엮는다.

07 같은 방향으로 총 네 바퀴 엮는다.

[엮기]

5. 막엮기

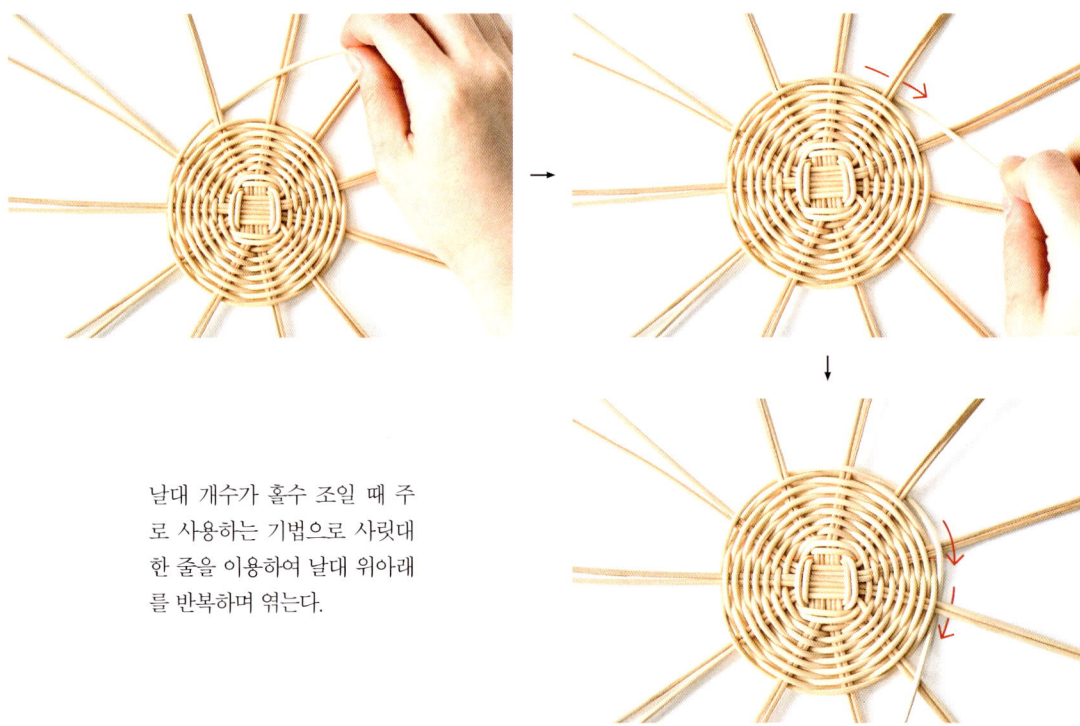

날대 개수가 홀수 조일 때 주로 사용하는 기법으로 사릿대 한 줄을 이용하여 날대 위아래를 반복하며 엮는다.

6. 따라엮기

날대 개수가 짝수 조일 때 주로 사용하는 기법으로 사릿대 두 줄을 이용하여 한 바퀴씩 번갈아가며 날대 위아래를 반복하며 엮는다.

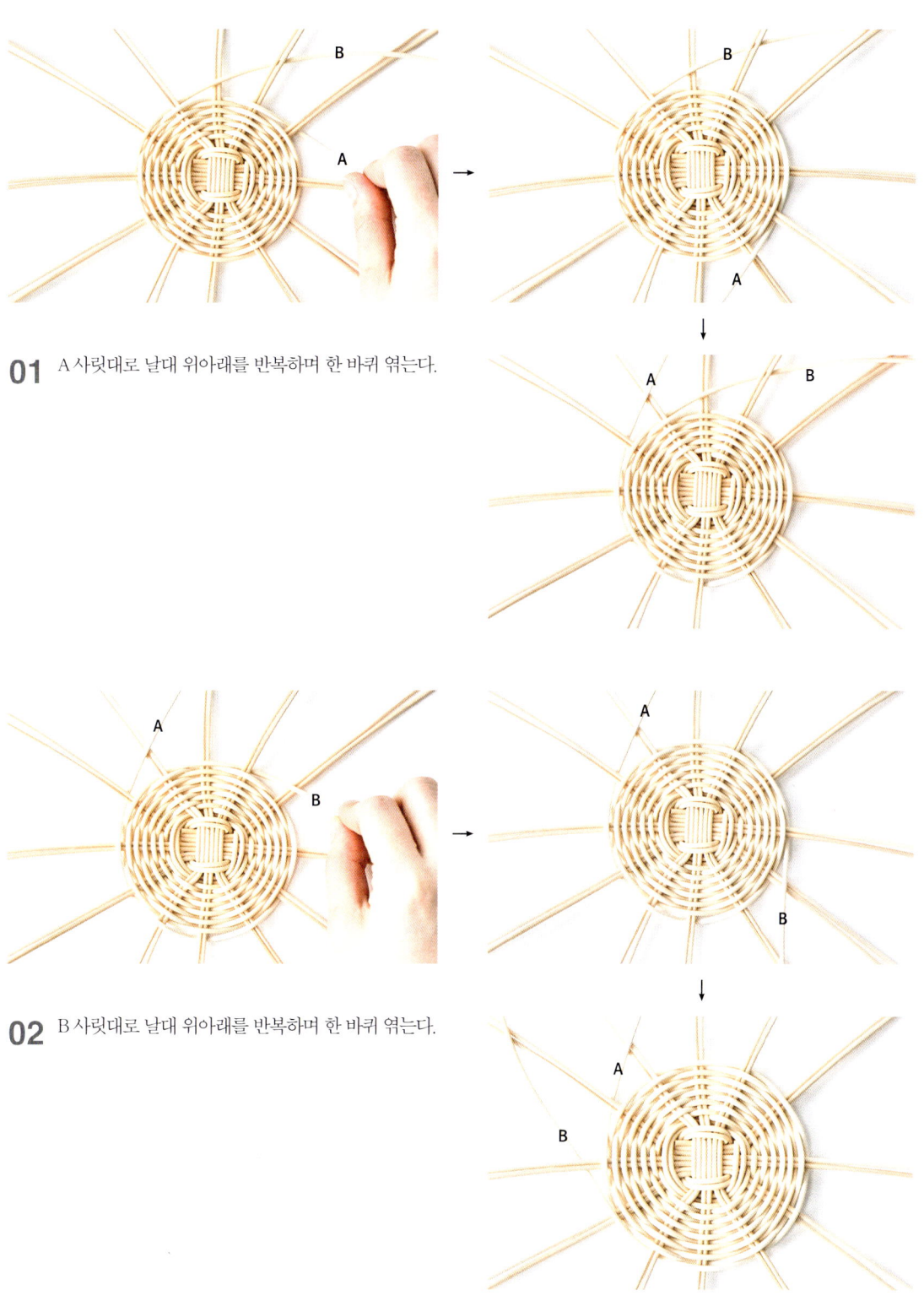

01 A 사릿대로 날대 위아래를 반복하며 한 바퀴 엮는다.

02 B 사릿대로 날대 위아래를 반복하며 한 바퀴 엮는다.

7. 꼬아엮기

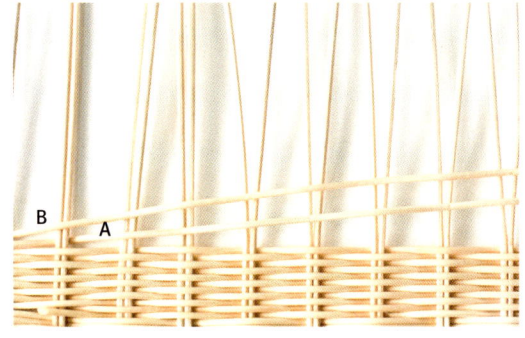

01 사릿대 두 줄을 나란히 놓는다.

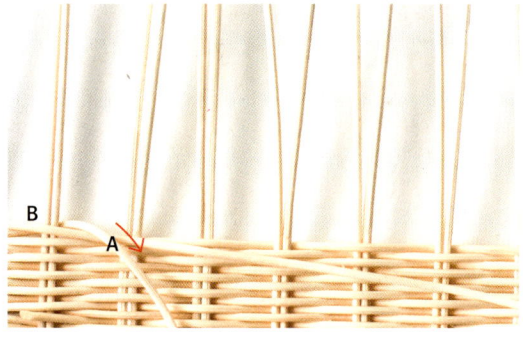

02 A 사릿대를 B 사릿대 위로 꼬아준다.

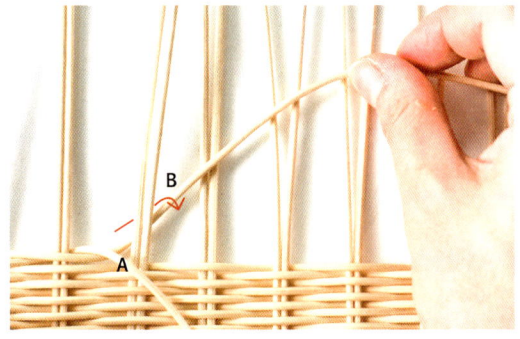

03 B 사릿대를 다음 날대에 건다.

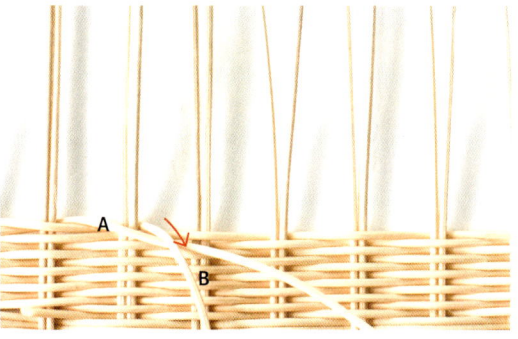

04 B 사릿대를 A 사릿대 위로 꼬아준다.

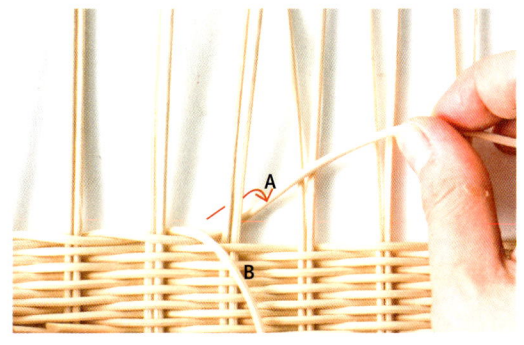

05 A 사릿대를 다음 날대에 건다.

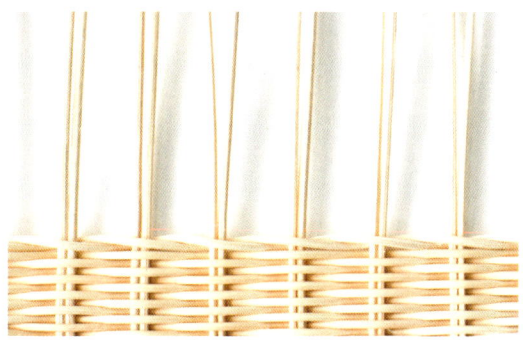

06 과정 2~5를 반복하며 꼬아엮기한다.

8. 세줄꼬아엮기

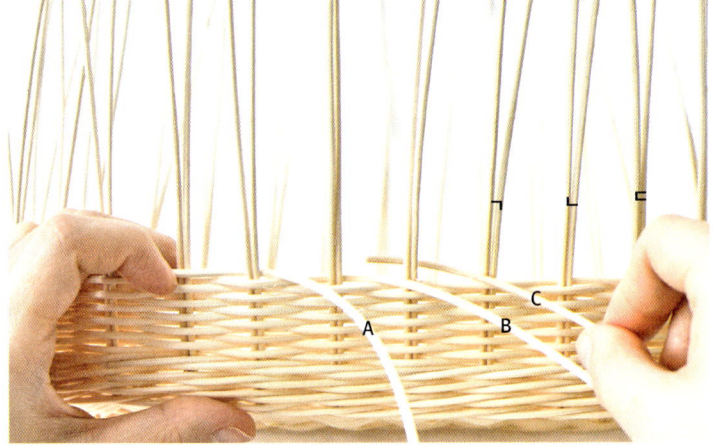

01   사릿대 세 줄을 나란히 놓는다.

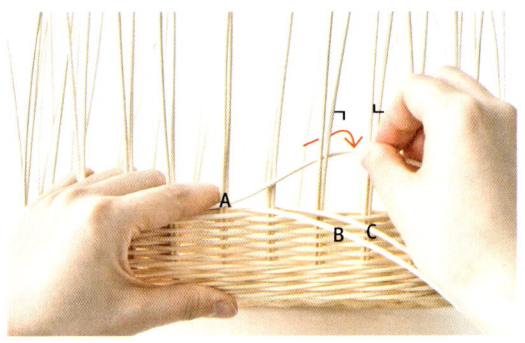

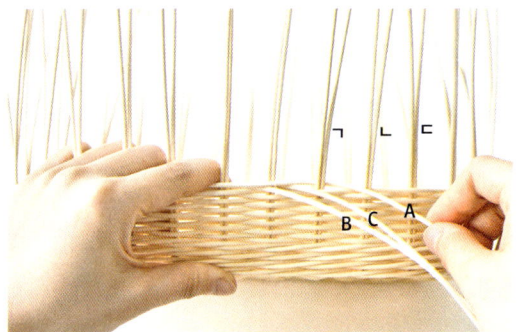

02   A 사릿대를 ㄱ 날대에 건다.

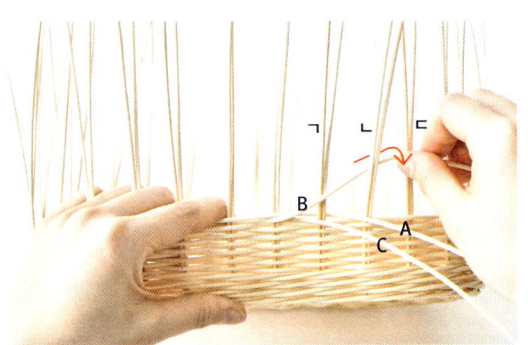

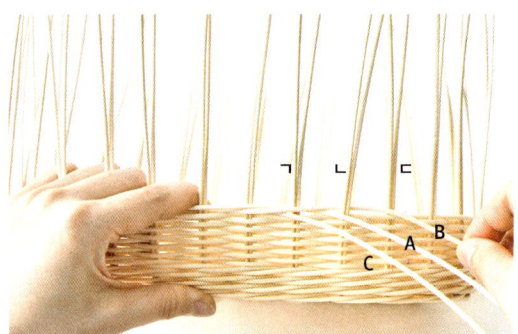

03   B 사릿대를 ㄴ 날대에 건다.

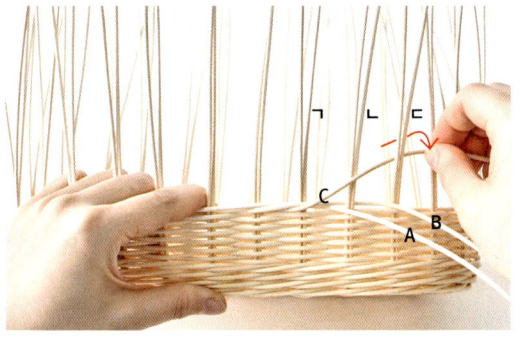
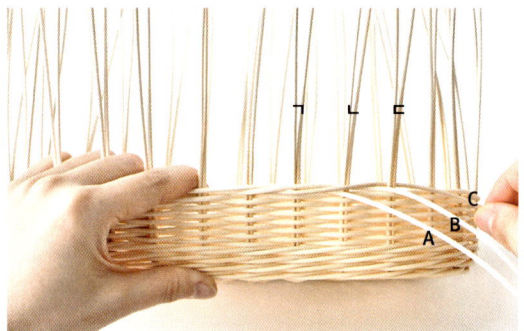

04 C 사릿대를 ㄷ 날대에 건다.

05 과정 2~4를 반복하며 한 바퀴 엮는다.

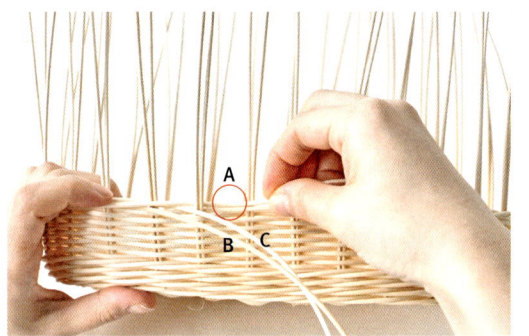
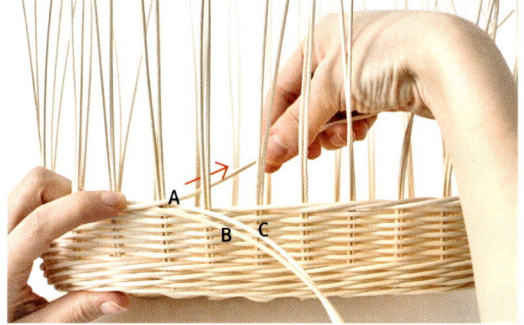

06 사진과 같이 사릿대가 시작지점과 나란히 겹칠 때 해당 사릿대를 날대 뒤로 넘긴다.

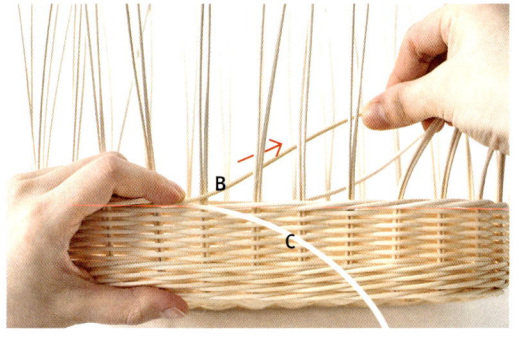

07 나머지 2개의 사릿대도 차례대로 날대 뒤로 넘긴다.
tip. 세줄꼬아엮기를 두 바퀴 이상 엮을 경우 뒤로 넘긴 사릿대 3줄을 다시 차례대로 꺼내면서 세줄꼬아엮기를 반복한다.

[무늬 넣기]

9. 울타리 무늬

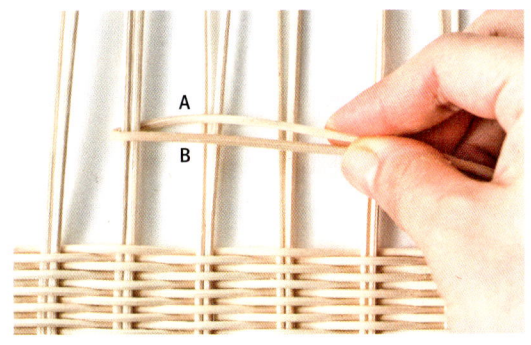

01 사릿대 한 줄을 길게 반으로 접어 날대 한 조에 끼운다.

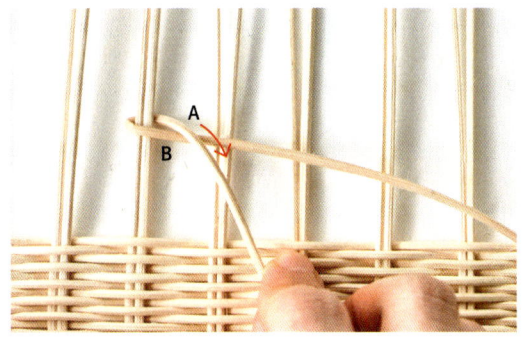

02 A 사릿대를 앞으로 꼬아준다.

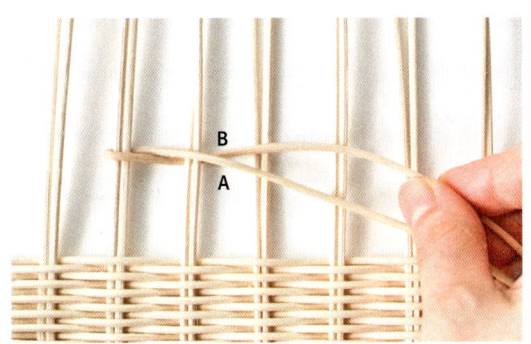

03 A, B 사릿대 사이로 다음 날대를 건다.

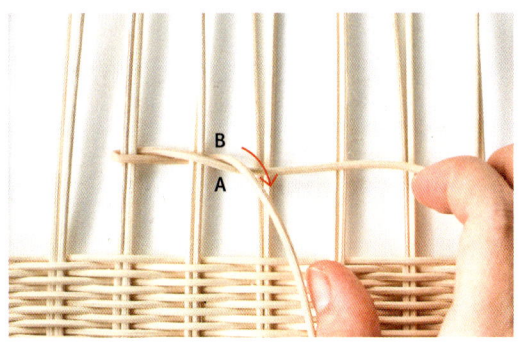

04 B 사릿대를 앞으로 꼬아준다.

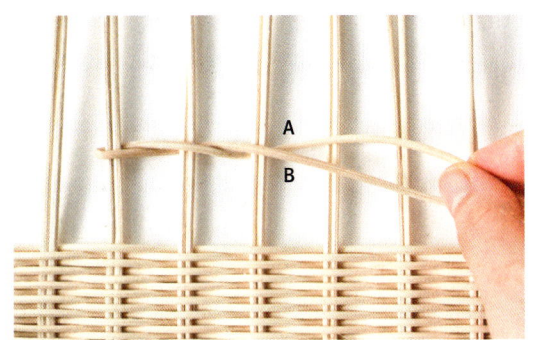

05 A, B 사릿대 사이로 다음 날대를 건다.

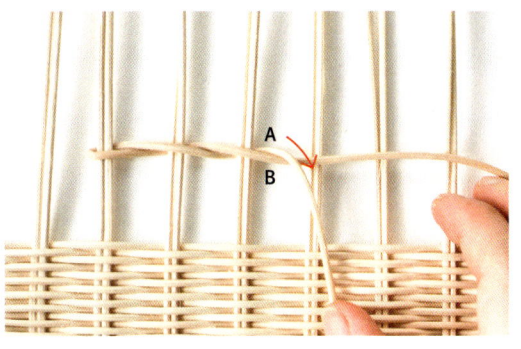

06 A 사릿대를 앞으로 꼬아준다.

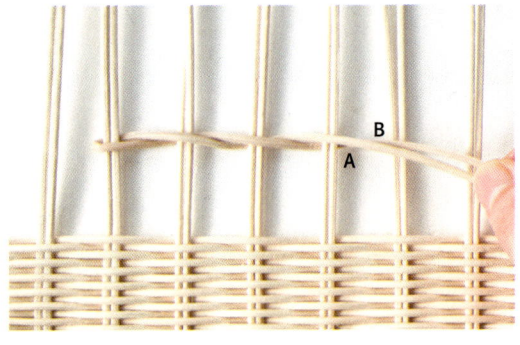

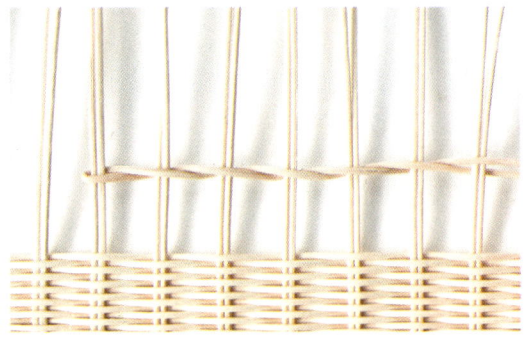

07 A, B 사릿대 사이로 다음 날대를 건다.

08 과정 2~7을 반복하며 울타리 무늬를 만든다.

10. X 무늬

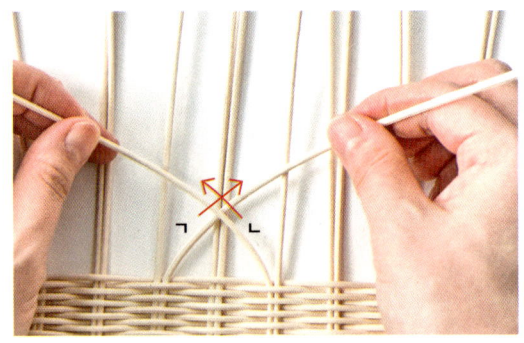

01 ㄱ 날대와 ㄴ 날대를 사진과 같이 X자 모양으로 만든다.

02 사릿대 한 줄을 반으로 접어 과정 1의 날대에 끼운다.

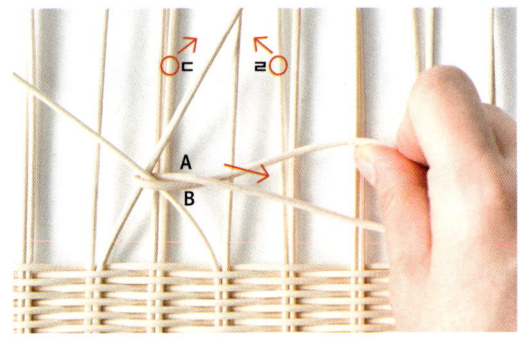

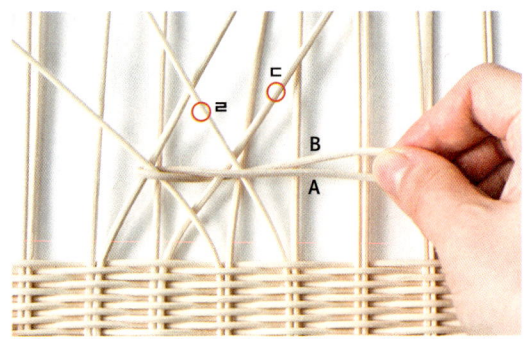

03 A 사릿대를 앞으로 꼬아준다.

04 ㄷ 날대와 ㄹ 날대를 A, B 사릿대 사이로 넣어 사진과 같이 X자 모양을 만든다.

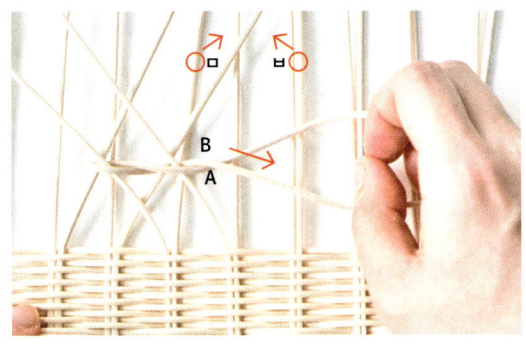

05 B 사릿대를 앞으로 꼬아준다.

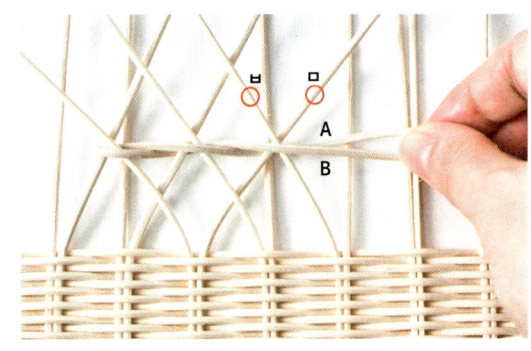

06 ㅁ 날대와 ㅂ 날대를 A, B 사릿대 사이로 넣어 X자
모양을 만든다.

07 과정 3~6을 반복하며 X 무늬를 만든다.

[마무리]

11. 하상하 마무리

01 하상하 마무리 시작 전 사용하던 사릿대는 자른다.

02 날대 한 조씩 오른쪽 방향으로 접으며 다음 날대 대상으로 하상하(아래-위-아래) 순서대로 엮는다. 이때, 첫 날대는 끝마무리를 위해 여유 공간을 남기고 하상하 마무리를 한다.

03 두 번째 날대부터는 빈틈없이 하상하 마무리를 이어간다.

04 세 번째 날대도 같은 모양으로 하상하 마무리를 한다.

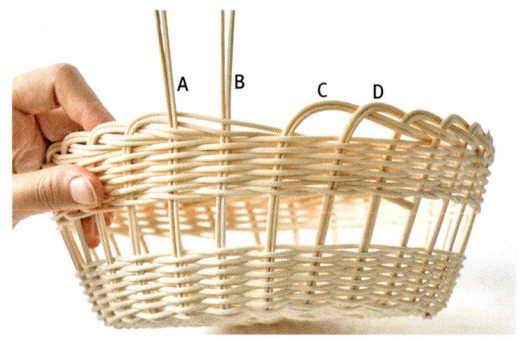

05 날대가 두 조 남을 때까지 반복한다.

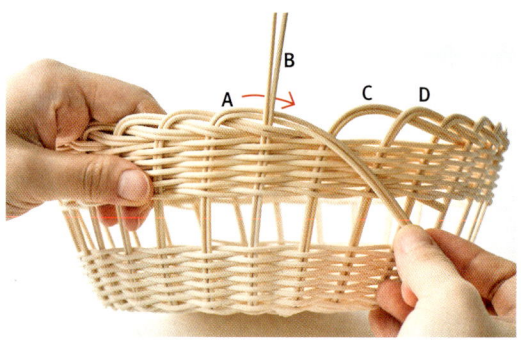

06 A 날대를 B 날대 아래에서 나오도록 만든다.

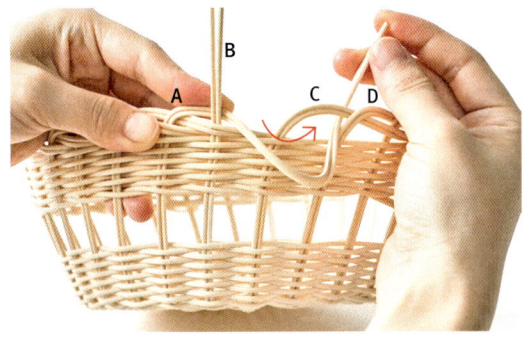

07 A 날대를 C 날대 위를 통과해 아래로 들어가도록 넣는다.

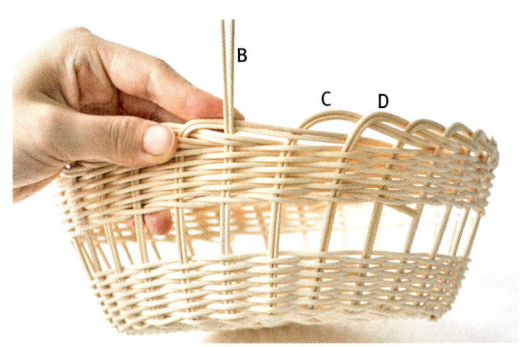

08 날대가 한 조 남는다.

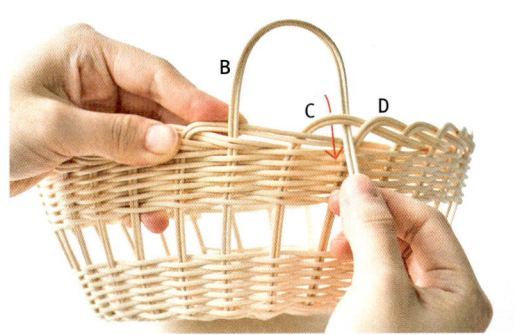

09 B 날대를 C 날대 아래에서 나오도록 만든다.

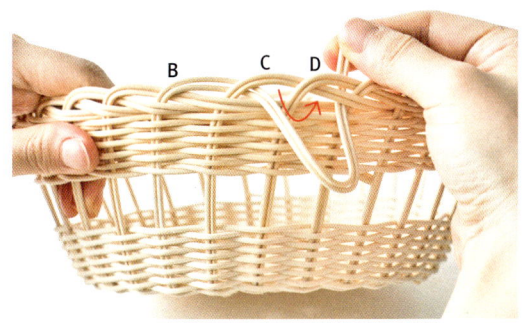

10 B 날대를 D 날대 위를 통과해 아래로 들어가도록 넣는다.

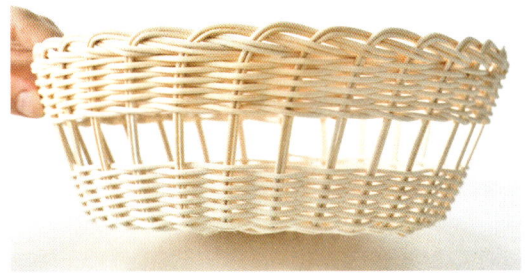

11 하상하 마무리 완성.

12. 상하상하 마무리

01 날대 한 조씩 오른쪽 방향으로 접으며 다음 날대 대상으로 상하상하(위-아래-위-아래) 순서대로 엮는다. 이때, 첫 날대는 끝마무리를 위해 여유 공간을 남기고 상하상하 마무리를 한다.

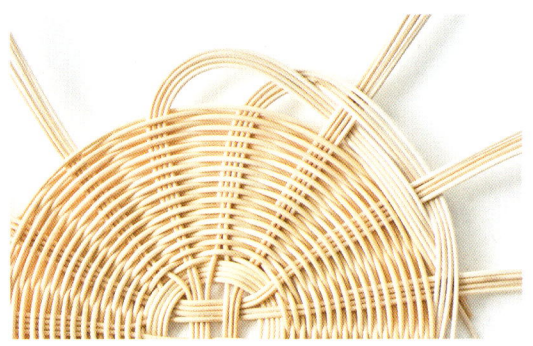

02 두 번째 날대부터는 빈틈없이 상하상하 마무리를 이어간다.

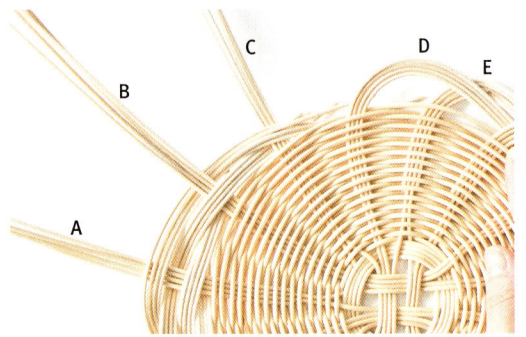

03 날대가 세 조 남을 때까지 반복한다.

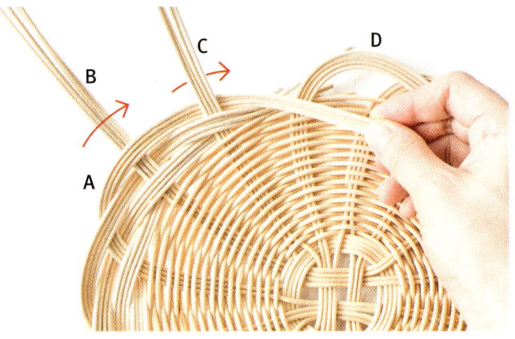

04 A 날대가 B 날대 위를 통과해 C 날대 아래에서 나오도록 만든다.

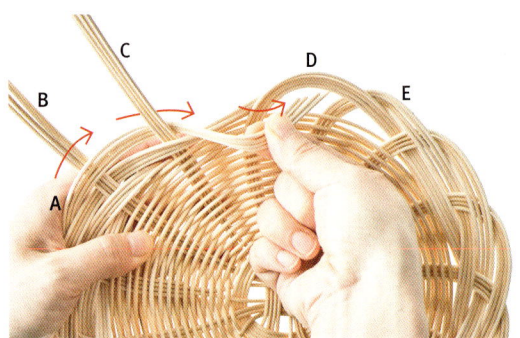

05 계속해서 A 날대가 D 날대 위를 통과해 아래로 들어가도록 넣는다.

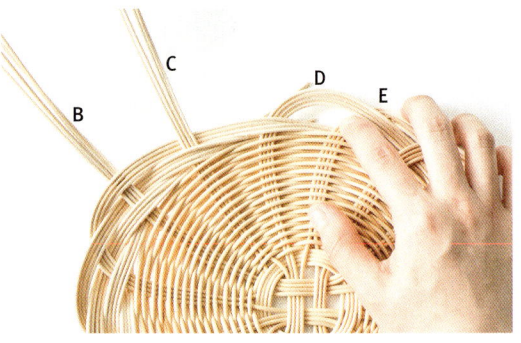

06 날대가 두 조 남는다.

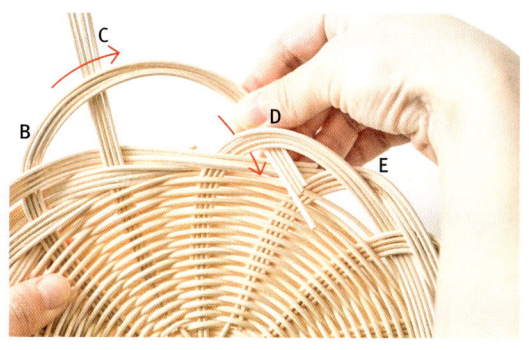

07 B 날대가 C 날대 위를 통과해 D 날대 아래에서 나오도록 만든다.

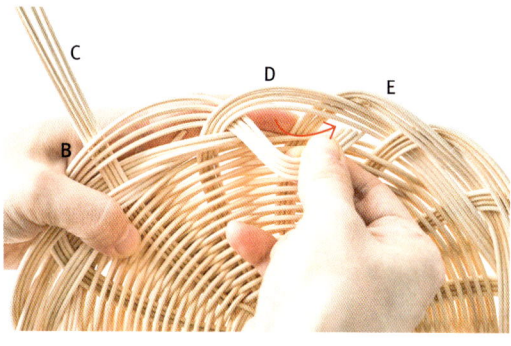

08 계속해서 B 날대가 E 날대 위를 통과해 아래로 들어가도록 넣는다.

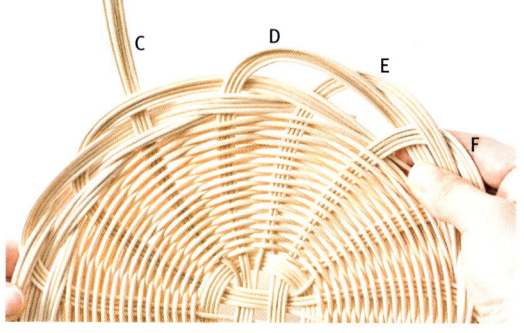

09 날대 한 조가 남는다.

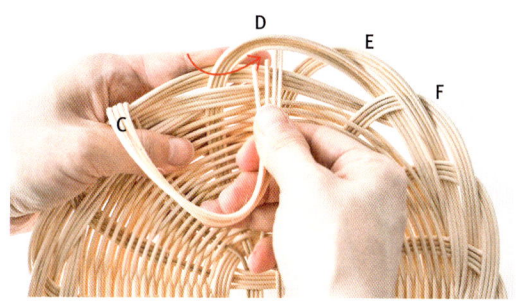

10 C 날대가 D 날대 위를 통과해 아래로 들어가도록 넣는다.

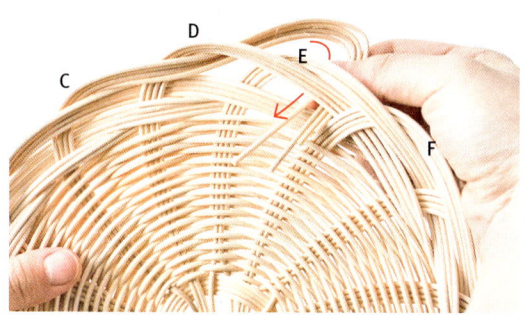

11 계속해서 C 날대가 E 날대 아래에서 나오도록 만든다.

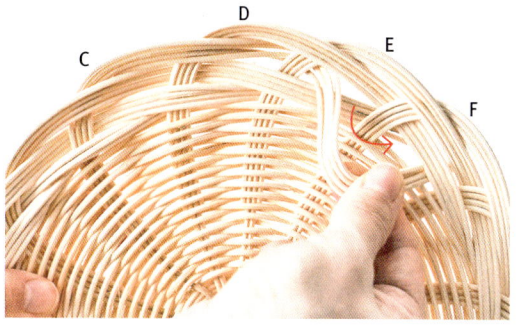

12 C 날대가 F 날대 위를 통과해 아래로 들어가도록 넣는다.

13 상하상하 마무리 완성.

13. 하상하상하 마무리

01 날대 한 조씩 오른쪽 방향으로 접으며 다음 날대 대상으로 하상하상하(아래-위-아래-위-아래) 순서대로 엮는다. 이때, 첫 날대는 끝마무리를 위해 여유 공간을 남기고 하상하상하 마무리를 한다.

02 두 번째 날대부터는 빈틈없이 하상하상하 마무리를 이어간다.

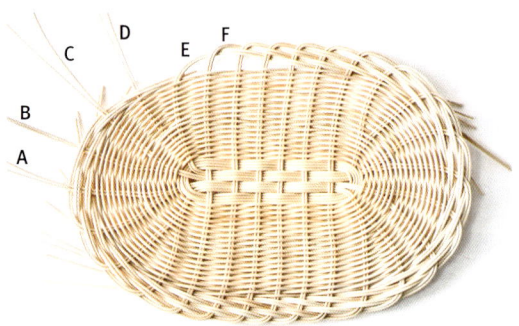

03 날대가 네 조 남을 때까지 반복한다.

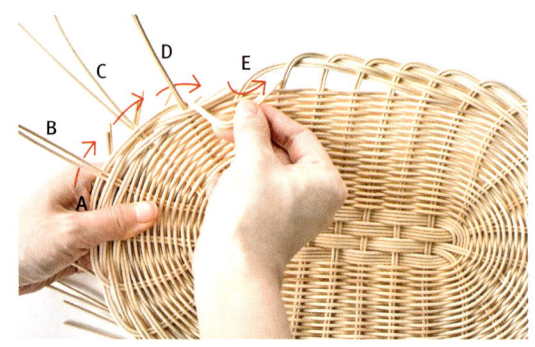

04 A 날대가 B 날대 아래, C 날대 위, D 날대 아래를 통과해 E 날대 위에서 아래로 들어가도록 넣는다.

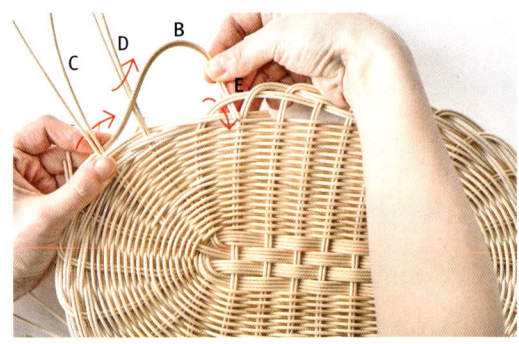

05 B 날대가 C 날대 아래, D 날대 위를 통과해 E 날대 아래에서 나오도록 만든다.

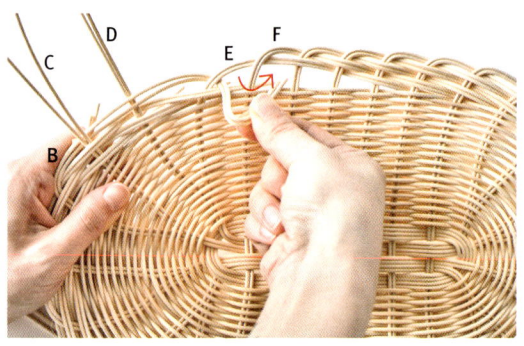

06 계속해서 B 날대가 F 날대 위를 통과해 아래로 들어가도록 넣는다.

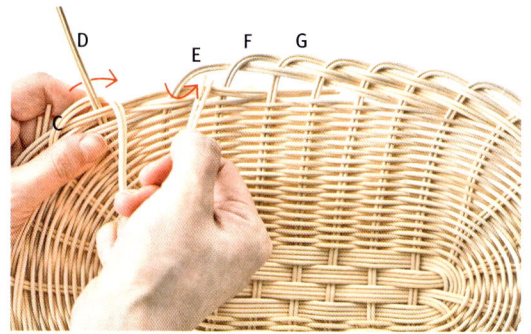

07 C 날대가 D 날대 아래, E 날대 위를 통과해 아래로 들어가도록 넣는다.

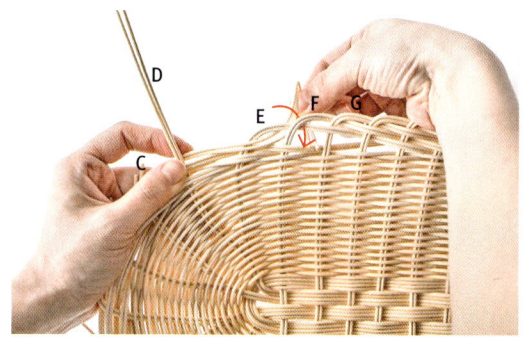

08 계속해서 C 날대가 F 날대 아래에서 나오도록 만든다.

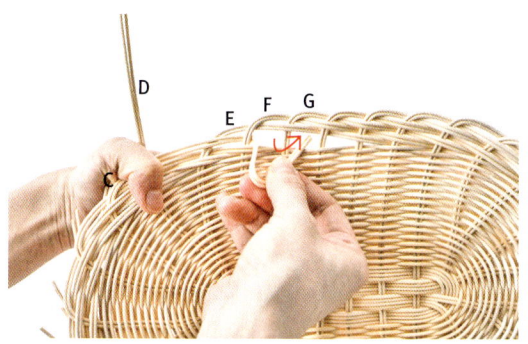

09 계속해서 C 날대가 G 날대 위를 통과해 아래로 들어가도록 넣는다.

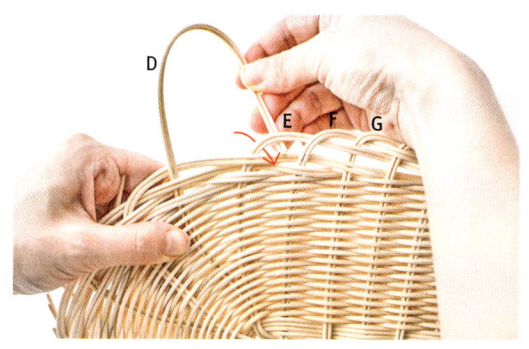

10 D 날대가 E 날대 아래에서 나오도록 만든다.

11 계속해서 D 날대가 F 날대 위를 통과해 아래로 들어가도록 넣는다.

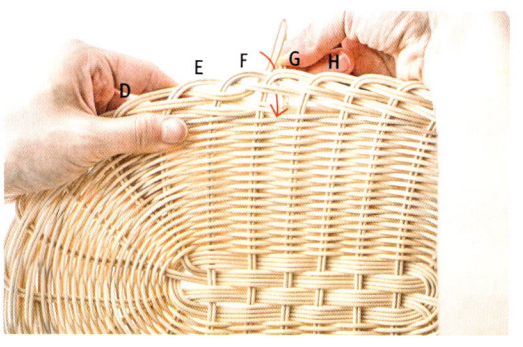

12 계속해서 D 날대가 G 날대 아래에서 나오도록 만든다.

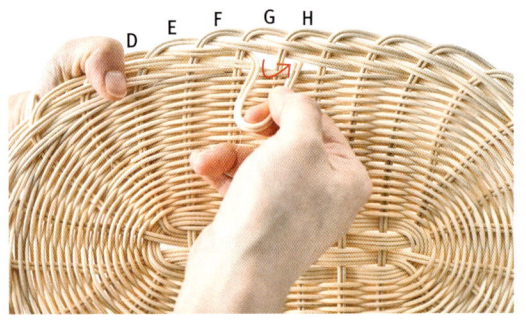

13 계속해서 D 날대가 H 날대 위를 통과해 아래로 들어가도록 넣는다.

14 하상하상하 마무리 완성.

14. 감아엮기

01 마무리할 부분의 둘레보다 여유로운 길이로 사릿대 한 줄을 준비한다.

02 과정 1에서 준비한 사릿대를 심대로 사용한다.

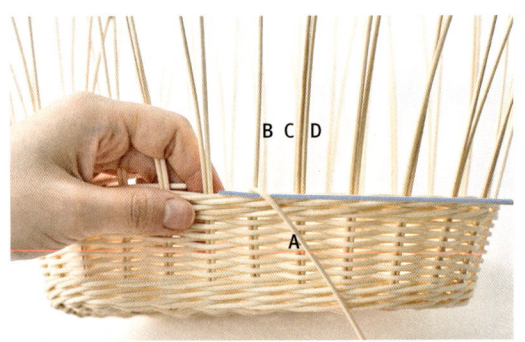

03 A 날대로 심대를 덮으며 아래쪽으로 내린다.

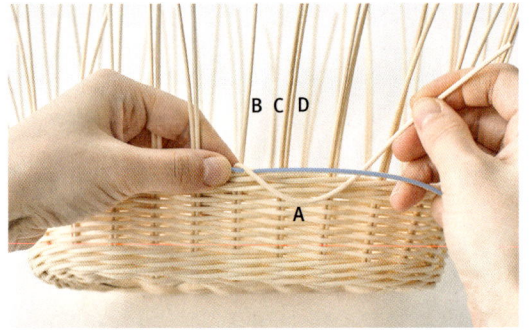

04 A 날대로 심대를 감는다.

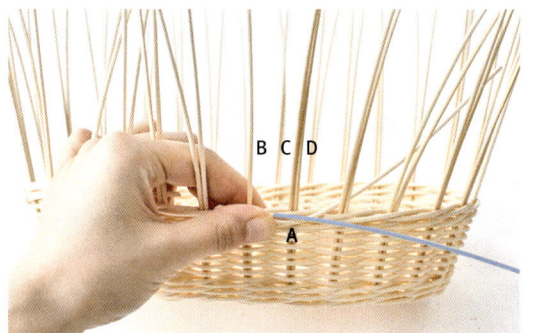

05 A 날대를 D 날대 우측으로 넣는다.

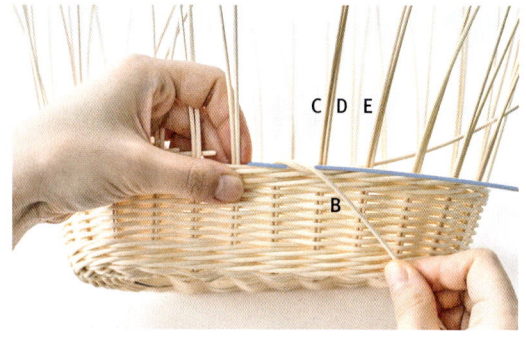

06 B 날대로 심대를 덮으며 아래쪽으로 내린다.

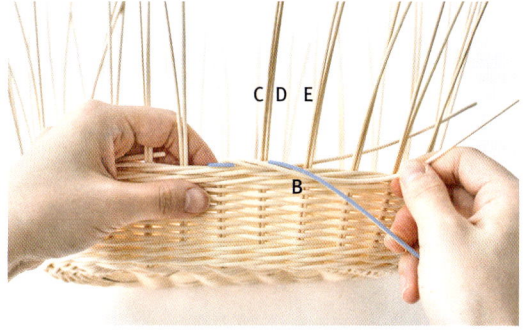

07 B 날대로 심대를 감는다.

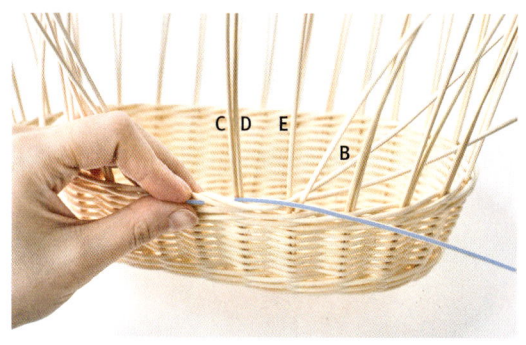

08 B 날대를 E 날대 우측으로 넣는다.

09 날대가 3줄 남을 때까지 감아엮기를 한 바퀴 반복하고 사진과 같이 심대가 서로 맞닿을 수 있도록 자른다.

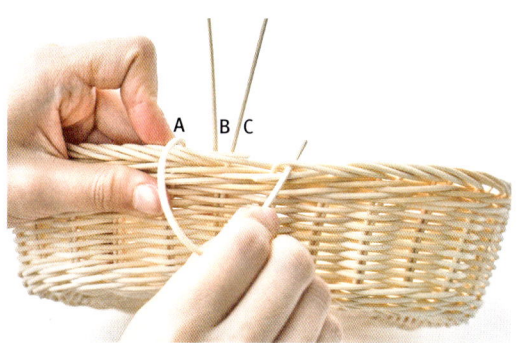

10 A 날대를 가장 처음 감았던 날대의 틈 사이로 넣는다.

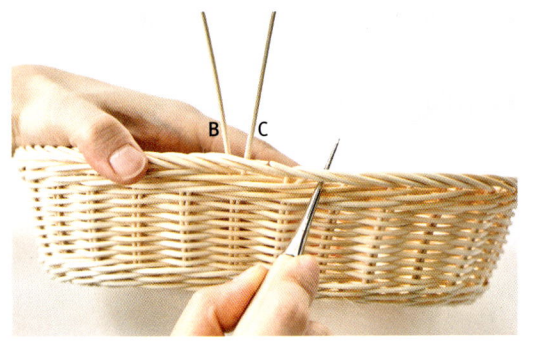 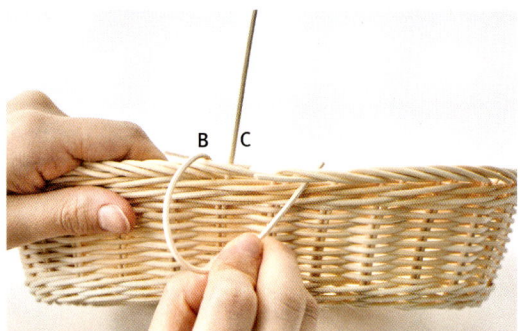

11 B 날대를 두 번째로 감았던 날대의 틈 사이로 넣는다.

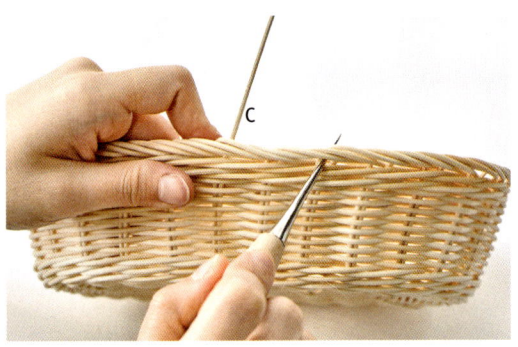 

12 C 날대를 세 번째로 감았던 날대의 틈 사이로 넣으며 감아엮기를 마무리한다.

13 감아엮기 한 바퀴 완성.

15. 젖혀마무리

01 사진과 같이 날대 3줄을 나란히 잡는다.

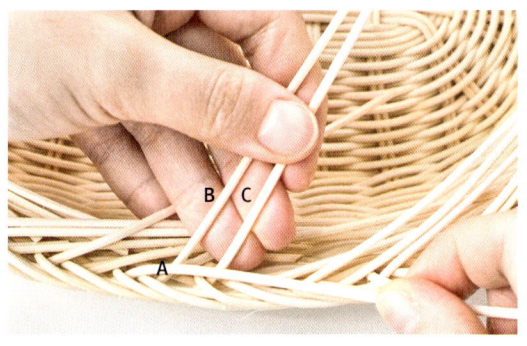

02 A 날대로 B, C 날대 2줄을 덮으며 안쪽으로 넣는다.

03 다음 날대를 꺼내 다시 날대 3줄을 나란히 잡는다.

04 B 날대로 C, D 날대 2줄을 덮으며 안쪽으로 넣는다.

05 날대가 2개 남았을 때 가장 처음으로 젖힌 A 날대
틈을 송곳으로 벌린다.

06 A 날대 틈 사이로 ㄱ 날대를 넣는다.

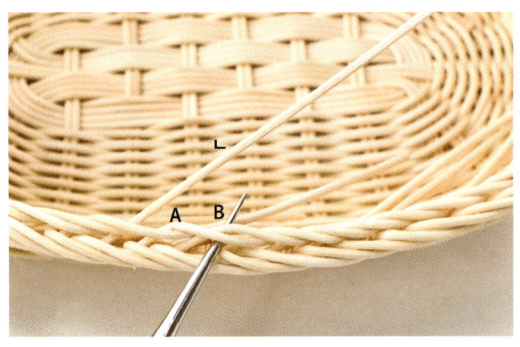

07 두 번째로 젖힌 B 날대 틈을 송곳으로 벌린다.

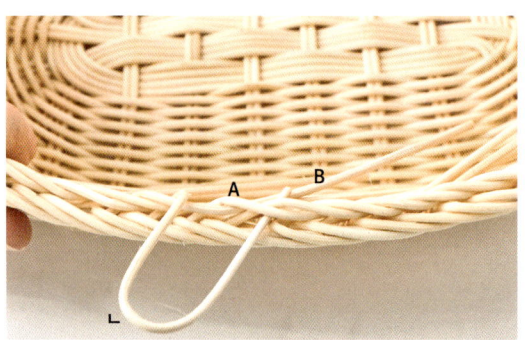

08 B 날대 틈 사이로 ㄴ 날대를 넣는다.

09 젖혀마무리를 한 바퀴 완성한 모습.

[기타]

16. 사릿대 교체하기

01 사용하던 사릿대가 짧아질 때까지 엮는다.

02 사릿대를 자른다.
tip. 작품 완성품을 생각했을 때 안 보이는 면 위에서 사릿대를 이을 수 있도록 자른다.

03 같은 날대 위로 새로운 사릿대를 X자 모양으로 잇는다.

04 새로운 사릿대로 계속해서 엮는다.

17. 날대 교체하기

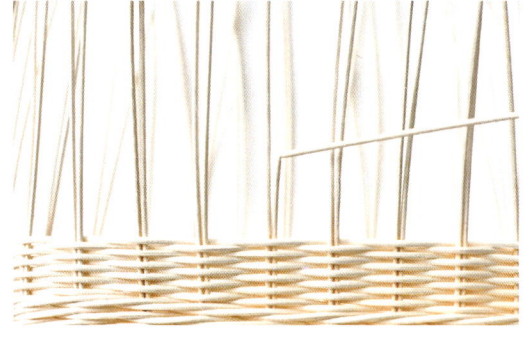

01 사용하던 날대가 부러진 모습.

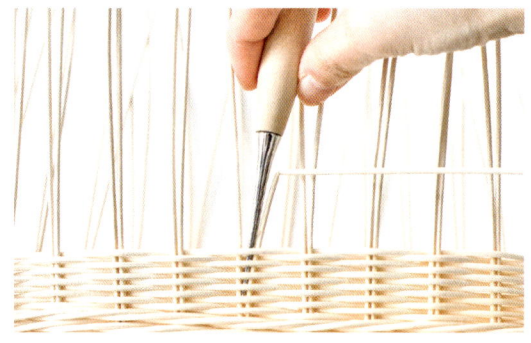

02 송곳을 이용해 교체할 날대 사이에 틈을 만든다.

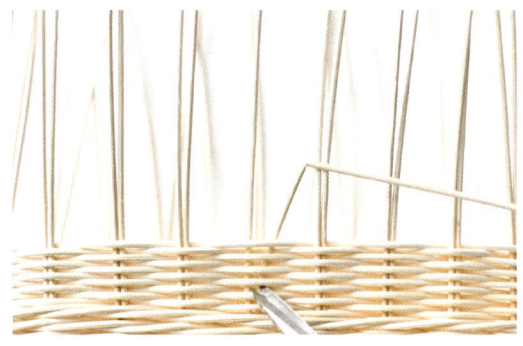

03 가위로 교체할 날대를 일자로 반듯하게 자른다.

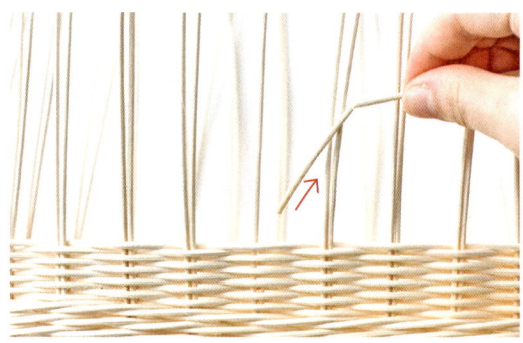

04 교체할 날대를 제거한다.

05 새로 이어줄 날대 끝을 일자로 반듯하게 자른다.

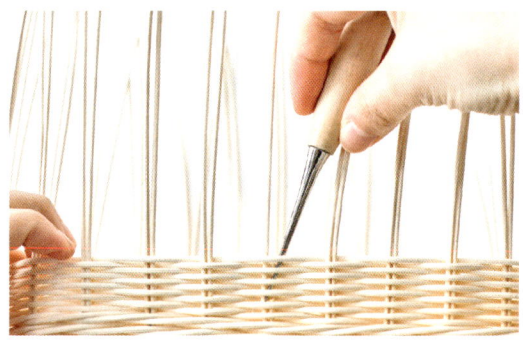

06 송곳을 이용해 새로운 날대가 들어갈 틈을 만든다.

07 일자로 자른 새로운 날대를 틈 사이로 넣는다.

08 새로 이은 날대를 송곳으로 반듯하게 정리한다.

18. 덧날대 끼우기

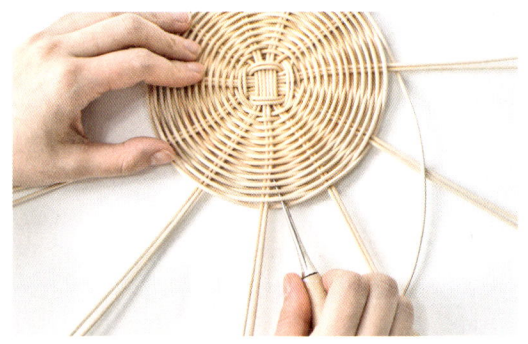

01 날대 사이가 약 2.5cm 정도 멀어졌을 때 날대 양옆으로 덧날대를 끼운다. 이때, 송곳을 이용하여 덧날대가 들어갈 곳에 틈을 만든다.

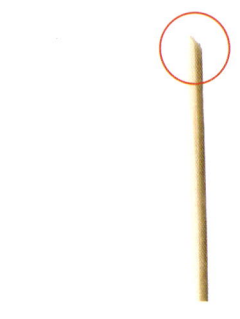

02 준비한 덧날대 끝을 사선으로 자른다.

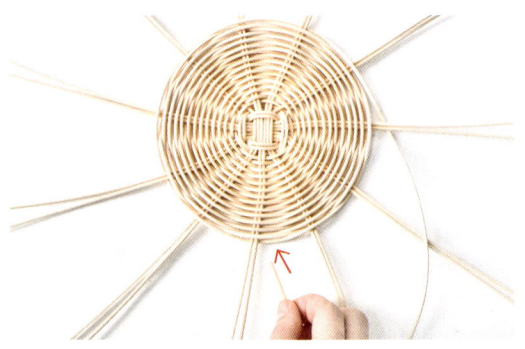

03 과정 1에서 만들어 놓은 틈 사이로 덧날대를 끼운다.

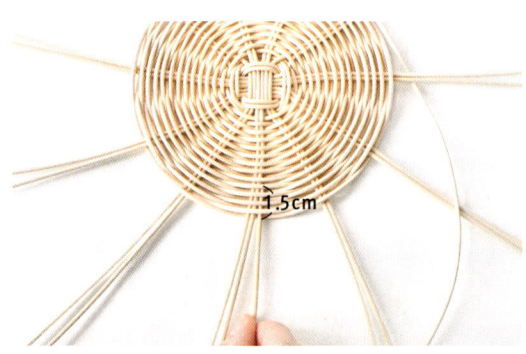

04 덧날대는 1.5cm 이상 넣는 것이 좋다.

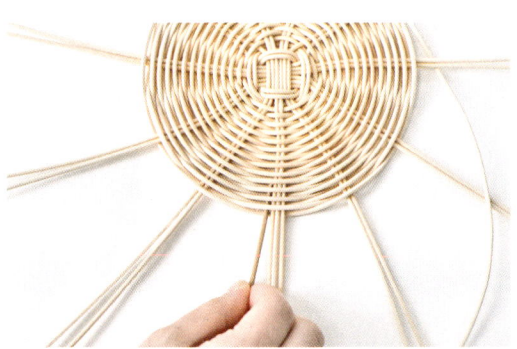

05 반대편도 같은 방법으로 덧날대를 끼운다.

19. 다듬기

01 새로 이은 사릿대의 튀어나온 부분을 사선으로 자른다.

02 마무리한 날대를 1cm 이상 여유를 두고 자른다.

How
to 만드는 방법
make

시작부터 마무리까지 모든 과정을 자세히 담았어요.
순서대로 차근차근 따라해 보세요.

 QR코드 사용법

책에 소개된 '06. 회오리 코스터(106쪽), 07. 원형 바스켓(110쪽)'은 과정사진과 함께 QR코드를 제공하여
동영상으로도 볼 수 있습니다. 해당 페이지에 있는 QR코드를 스마트폰으로 스캔하여 사용하세요.

01

Photo p.010

코스터

재단 | 2.0mm 환심 40cm×11줄

01 세로 날대 5줄, 가로 날대 6줄을 이용하여 십자 바닥으로 시작한다. (51쪽 '십자 바닥' 참조)

02 작업물을 시계방향으로 한 바퀴 돌린다. 시작지점부터 날대 2줄을 1조로 나누면서 시계방향으로 막엮기를 시작한다. (56쪽 '막엮기' 참조)

03 시작지점으로 돌아오면 날대가 2줄씩 11조가 된다.

11cm

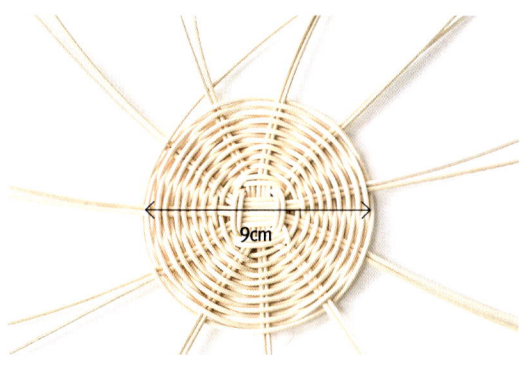

04 막엮기로 지름 9cm가 될 때까지 엮는다.

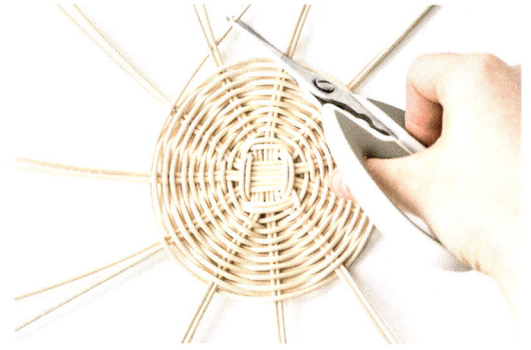

05 사릿대를 시작지점에서 자른다.

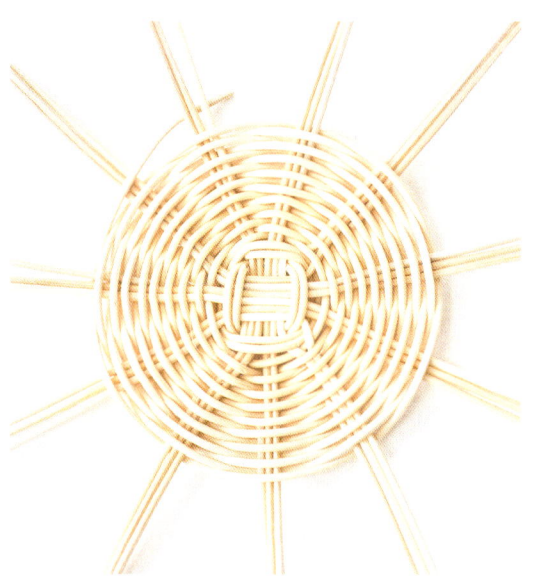

06 각각의 날대 오른쪽에 덧날대를 1줄씩 끼워 날대 3
줄이 1조가 되도록 만든다. (78쪽 '덧날대 끼우기'
참조)

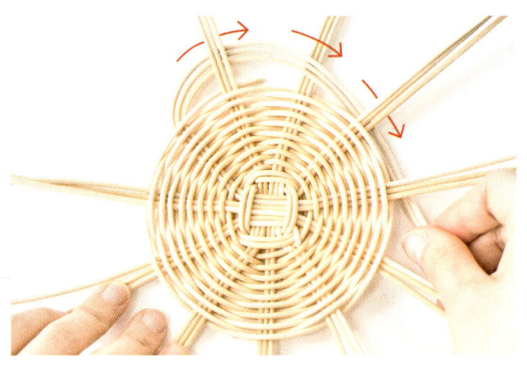 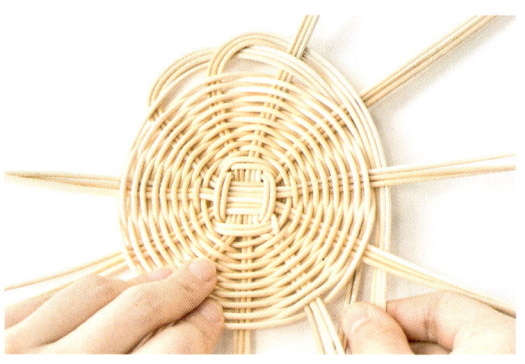

07 날대를 한 조씩 오른쪽 방향으로 접으며 하상하(아래-위-아래) 마무리를 시작한다. 이때, 첫 날대는 끝마무리를 위해 안쪽에 여유 공간을 남기고 하상하 마무리를 한다. (64쪽 '하상하 마무리' 참조)

08 두 번째 날대부터는 빈틈없이 하상하 마무리를 이어간다.

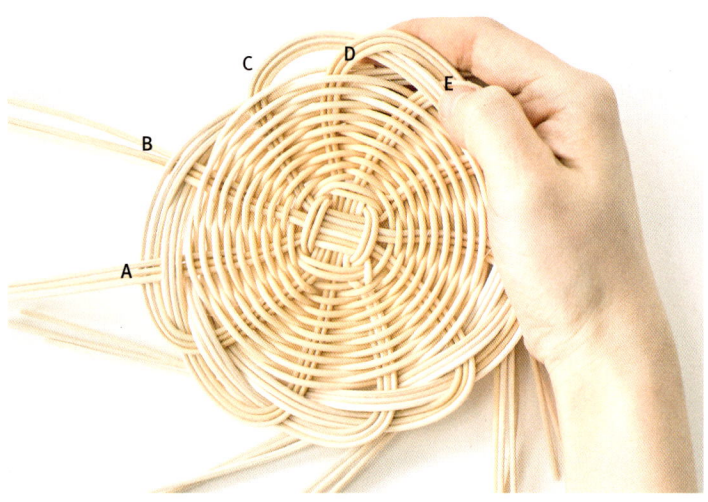

09 날대가 두 조 남을 때까지 반복한다.

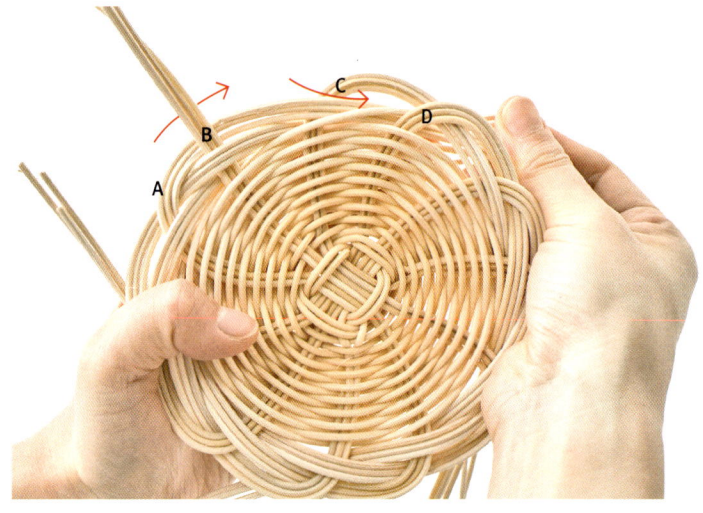

10 A 날대를 B, C, D 날대 기준으로 하상하 마무리를 한다.

11 B 날대를 C, D, E 날대 기준으로 하상하 마무리를 하며 정리한다.

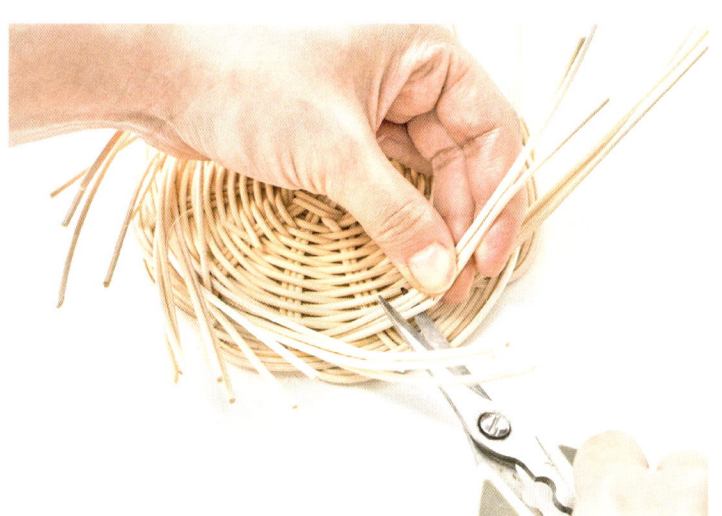

12 몸체를 뒤집어 튀어나온 날대와 사릿대를 다듬는다.

02

Photo p.012

플라워 코스터

재단 | 2.0mm 환심 45cm×11줄

01 세로 날대 5줄, 가로 날대 6줄을 이용하여 십자 바닥으로 시작한다. (51쪽 '십자 바닥' 참조)

02 작업물을 시계방향으로 반 바퀴 돌린다.
시작지점부터 날대 2줄을 1조로 나누면서 시계방향으로 막엮기한다. (56쪽 '막엮기' 참조)

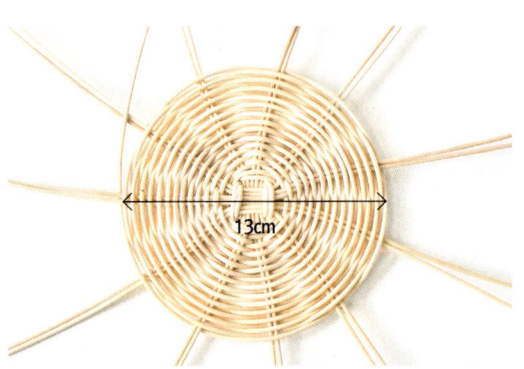

03 막엮기로 지름 13cm가 될 때까지 엮는다.

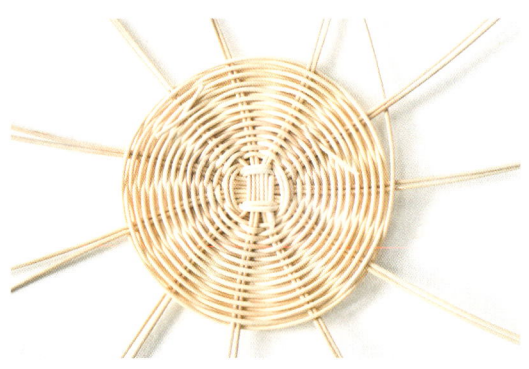

04 몸체를 뒤집는다.

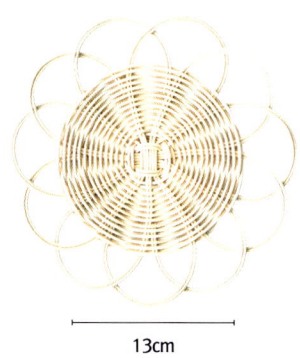

13cm

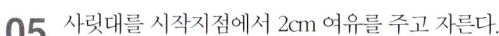
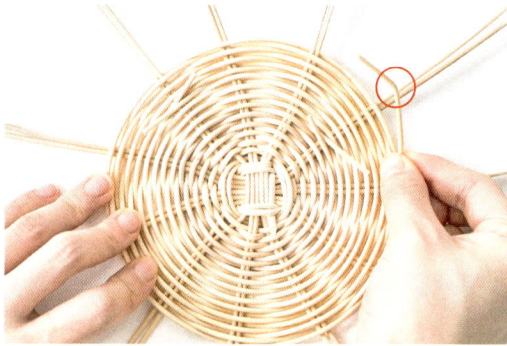

05 사릿대를 시작지점에서 2cm 여유를 주고 자른다.

06 사릿대를 사진과 같이 접는다.

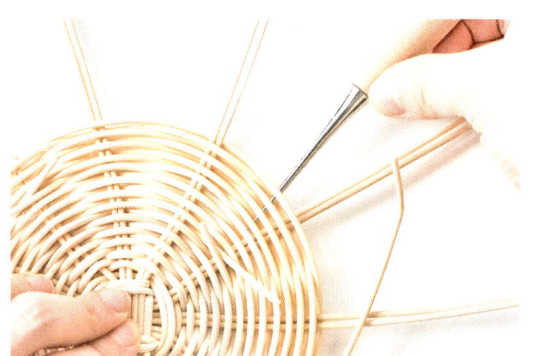

07 사릿대를 넣을 공간에 송곳으로 틈을 만든 후, 시작지점 날대 옆으로 넣는다.

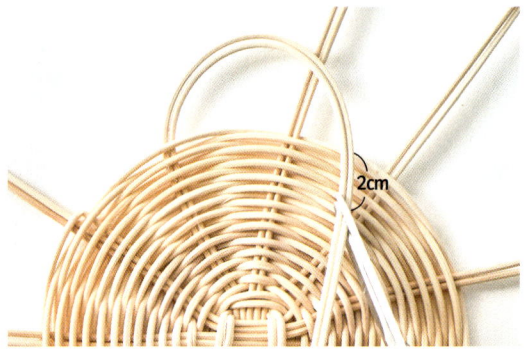

08 몸체를 다시 뒤집는다.

09 날대 한 조를 원하는 높이만큼 휘어서 꽃잎 모양으
로 만든다.
2cm 정도 여유분을 남기고 사선으로 자른다.

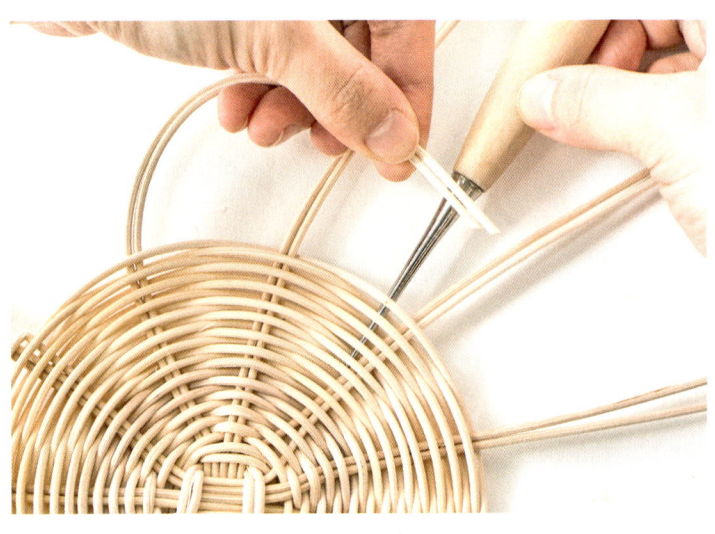

10 송곳을 이용하여 날대가 들
어갈 수 있는 틈을 만든다.

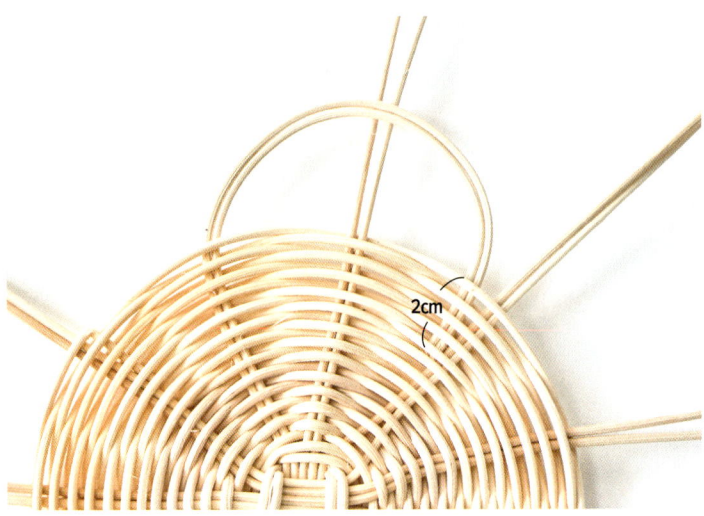

11 사진처럼 날대를 2cm 깊이로
넣는다.

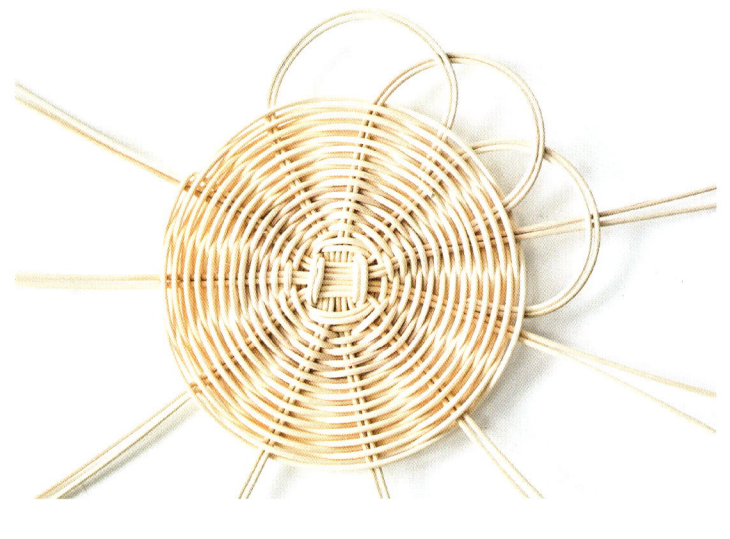

12 나머지 날대도 과정 9~11을
순서대로 반복한다.

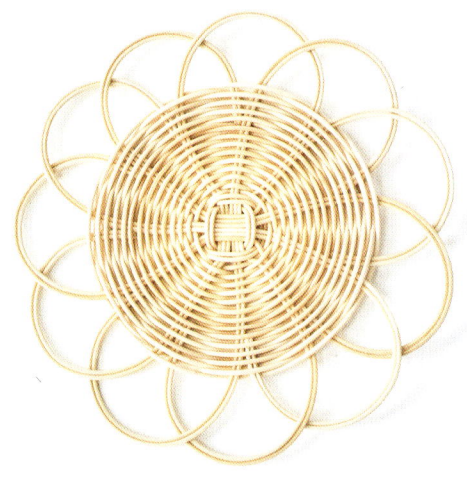

13 몸체를 뒤집어 튀어나온 날
대와 사릿대를 다듬는다.

03

Photo p.014

원형 트레이

재단 | 2.0mm 환심 60cm×15줄

01 우물정 바닥으로 시작한다. (53쪽 '우물정 바닥' 참조)

02 시작지점부터 날대 2줄을 1조로 나누면서 시계방향으로 막엮기한다. (56쪽 '막엮기' 참조)

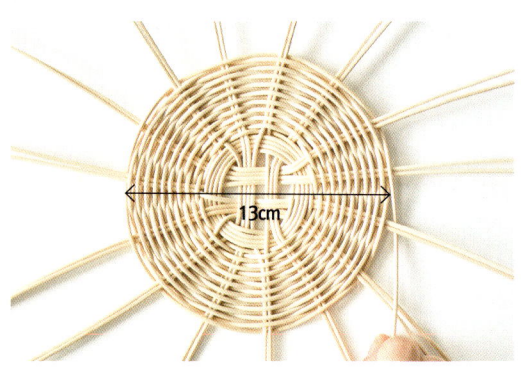

03 막엮기로 지름 13cm가 될 때까지 엮는다.

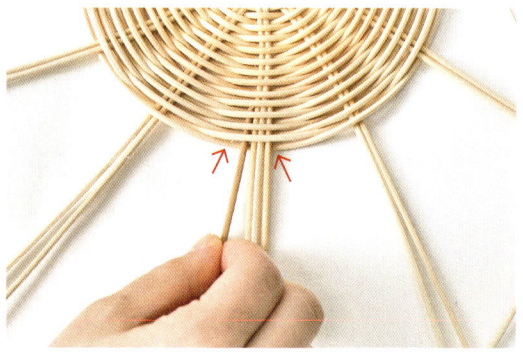

04 모든 날대의 양옆으로 덧날대를 끼워 4줄이 1조가 되도록 만든다. (78쪽 '덧날대 끼우기' 참조)

약 25cm

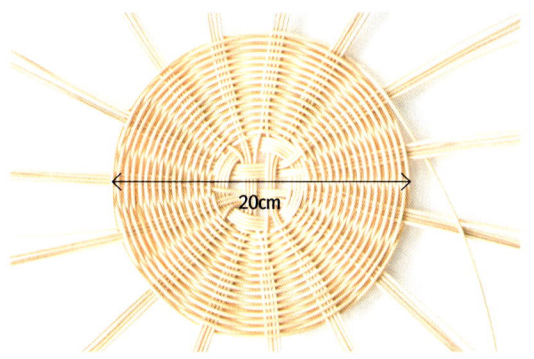

20cm

05 막엮기로 지름 20cm가 될 때까지 엮는다.

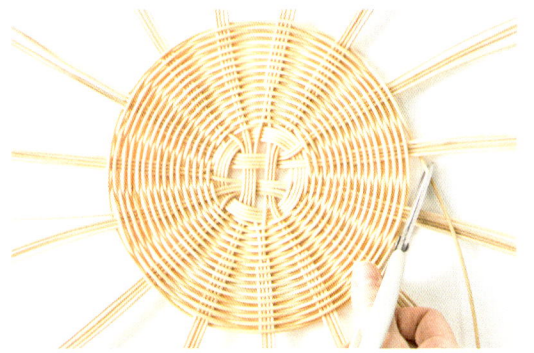

06 시작지점에서 사릿대를 자른다.

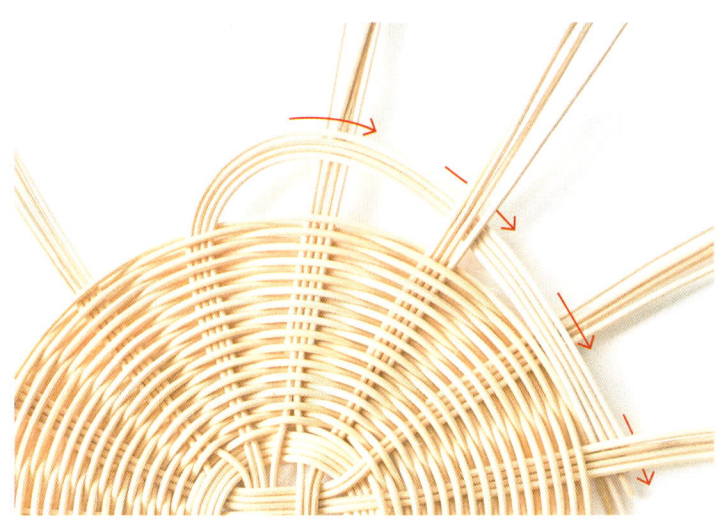

07 날대 한 조씩 오른쪽 방향으로 접으며 상하상하 마무리를 시작한다. 이때, 첫 날대는 끝마무리를 위해 안쪽에 여유 공간을 남기고 상하상하 마무리를 한다. (66쪽 '상하상하 마무리' 참조)

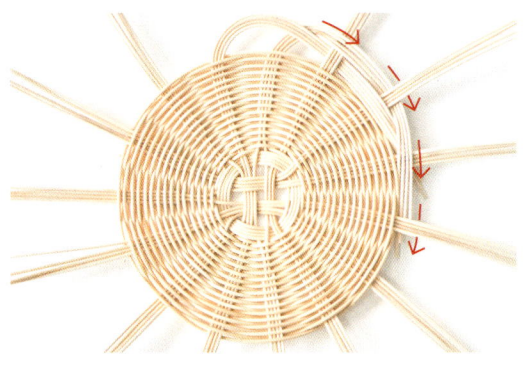

08 두 번째 날대부터는 빈틈없이 상하상하 마무리를 이어간다.

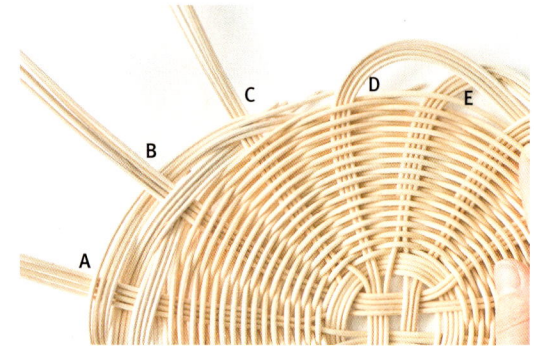

09 날대가 세 조 남을 때까지 반복한다.

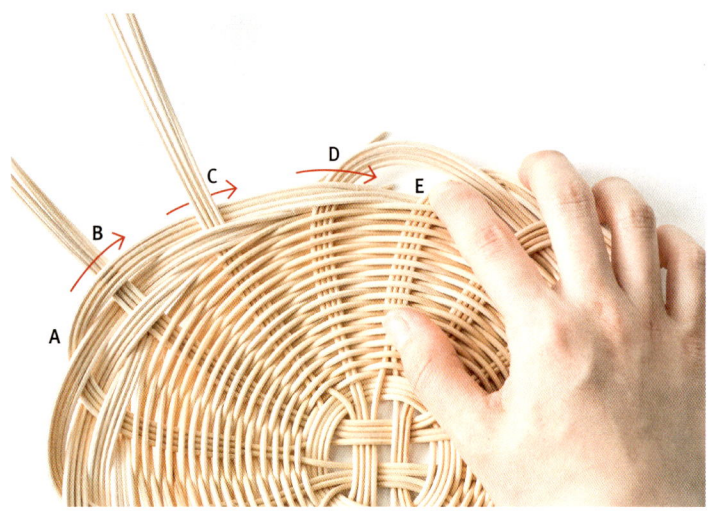

10 A 날대를 B, C, D, E 날대 기준으로 상하상하 마무리를 한다.

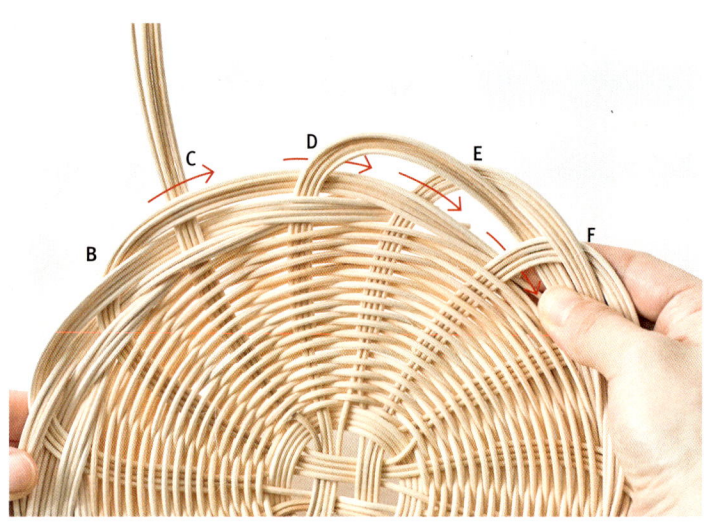

11 B 날대를 C, D, E, F 날대 기준으로 상하상하 마무리를 한다.

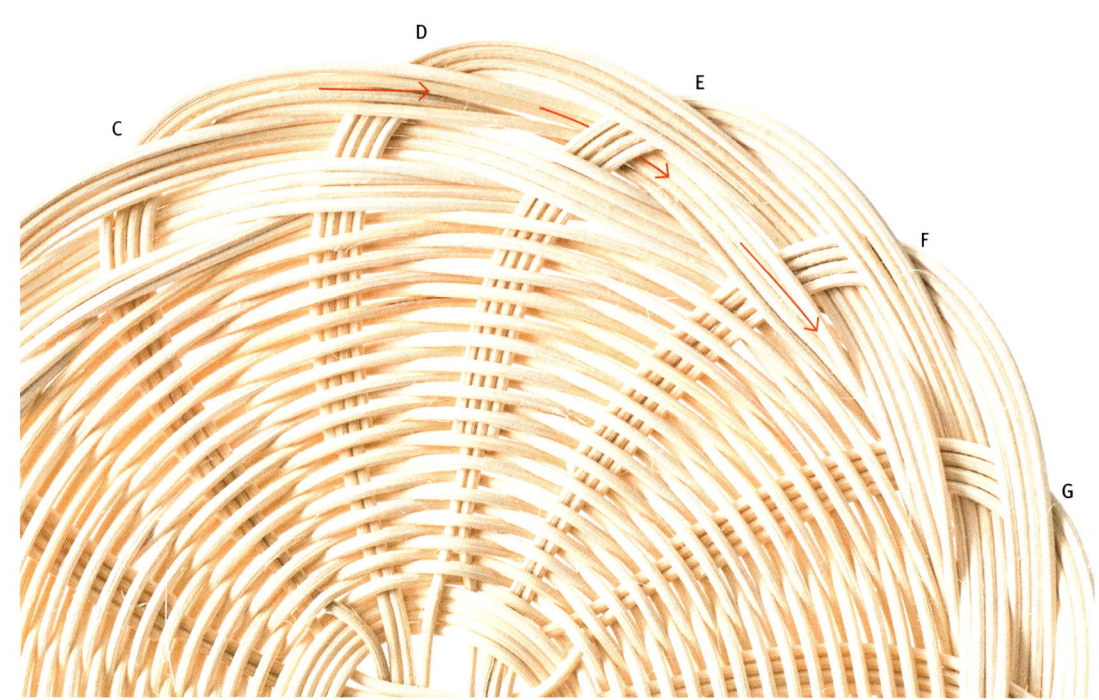

12 C 날대를 D, E, F, G 날대 기준으로 상하상하 마무리를 하며 정리한다.

13 몸체를 뒤집은 후, 튀어나온 날대와 사릿대를 다듬는다.

04

Photo p.016

굽 있는 원형 트레이

재단 | 2.0mm 환심 60cm×16줄

약 25cm

01 쌀미 바닥으로 시작한다. (54쪽 '쌀미 바닥' 참조)

02 시작지점부터 날대 2줄을 1조로 나누면서 한 바퀴 엮는다.

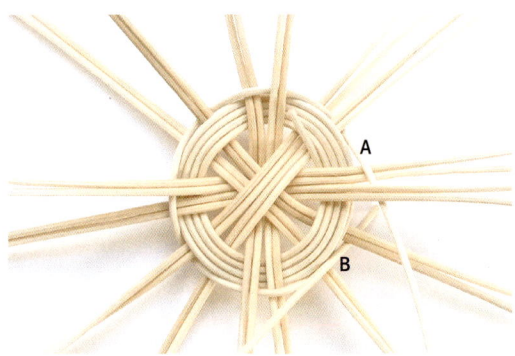

03 두 번째 바퀴가 시작되는 지점에 사진처럼 새로운 B 사릿대 한 줄을 추가한다.

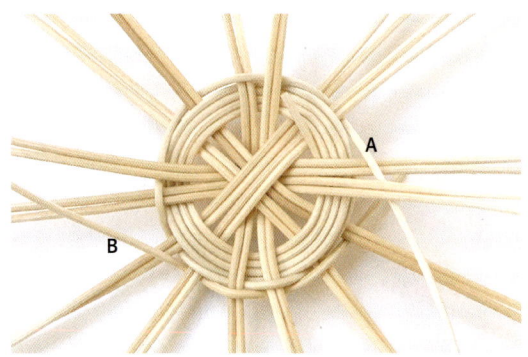

04 사릿대 한 줄씩 번갈아가며 따라엮기한다. (57쪽 '따라엮기' 참조)

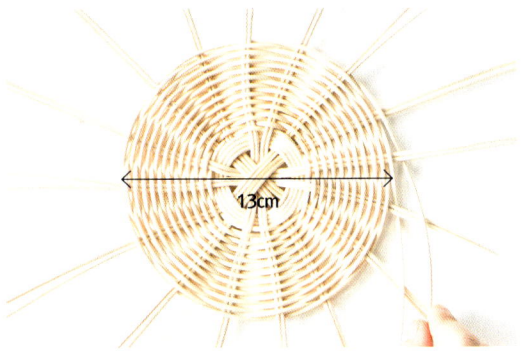

05 지름 13cm가 될 때까지 따라엮기한다.

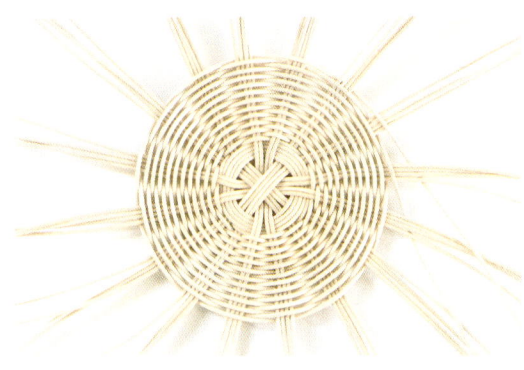

06 모든 날대의 양옆으로 덧날대를 끼워 날대 4줄이 1
조가 되도록 만든다. (78쪽 '덧날대 끼우기' 참조)

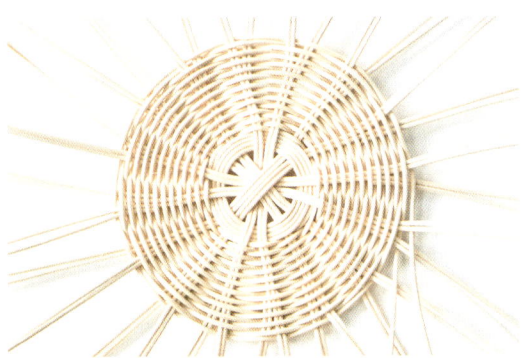

07 모든 날대를 다시 2줄 1조로 나누어주며 따라엮기
한다.

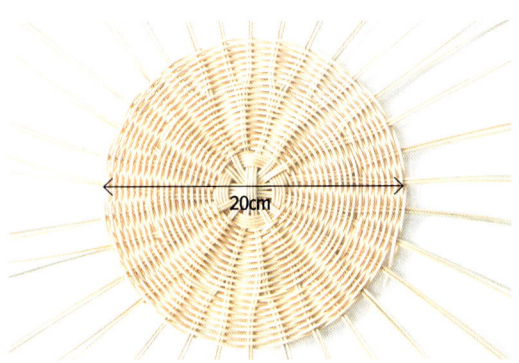

08 전체 지름 20cm가 될 때까지 따라엮기 후, 시작지
점에서 사릿대를 모두 자른다.

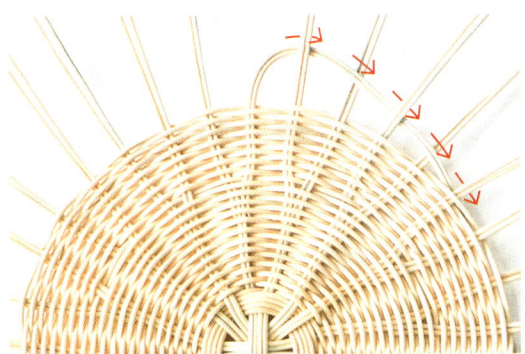

09 날대 한 조씩 오른쪽 방향으로 접으며 하상하상하
마무리를 시작한다. 이때, 첫 날대는 끝마무리를 위
해 안쪽에 여유 공간을 남기고 하상하상하 마무리를 한
다. (68쪽 '하상하상하 마무리' 참조)

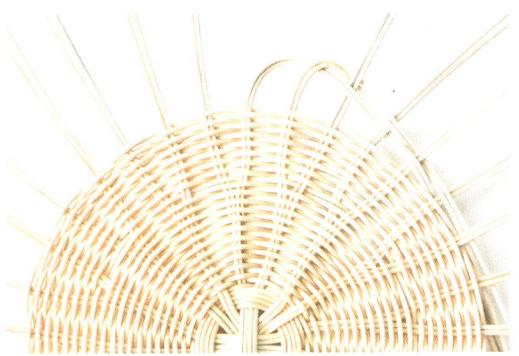

10 두 번째 날대부터는 빈틈없이 하상하상하 마무리
를 이어간다.

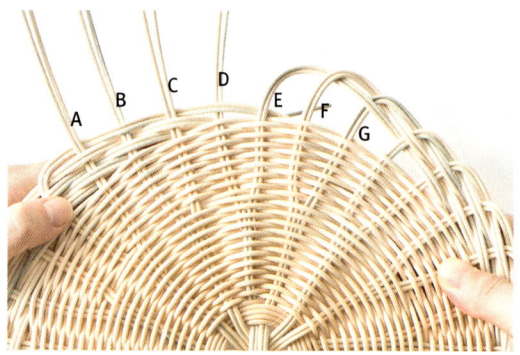

11 날대가 4조 남을 때까지 반복한다.

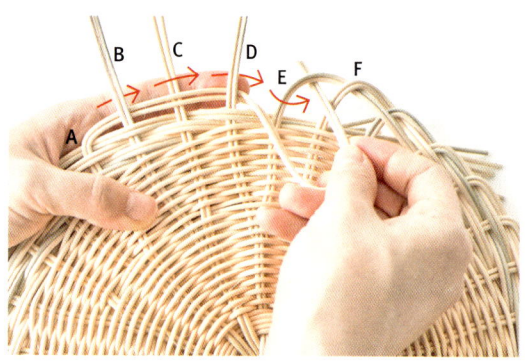

12 A 날대를 B, C, D, E, F 날대 기준으로 하상하상하 마무리한다.

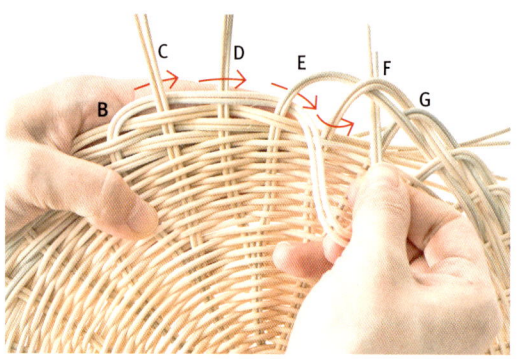

13 B 날대를 C, D, E, F, G 날대 기준으로 하상하상하 마무리한다.

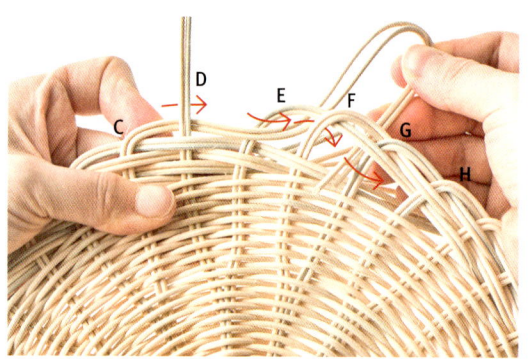

14 C 날대를 D, E, F, G, H 날대 기준으로 하상하상하 마무리한다.

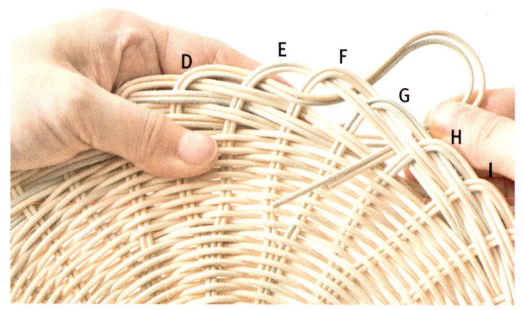

15 D 날대를 E, F, G, H, I 날대 기준으로 하상하상하 마무리한다.

16 몸체를 뒤집는다.

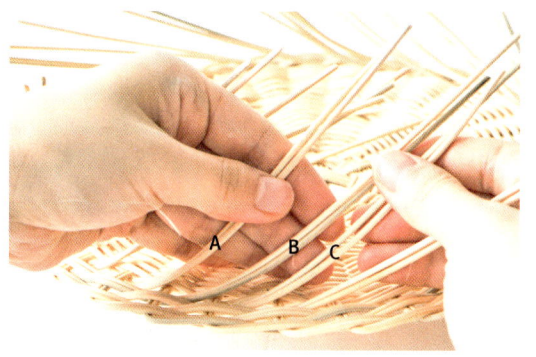 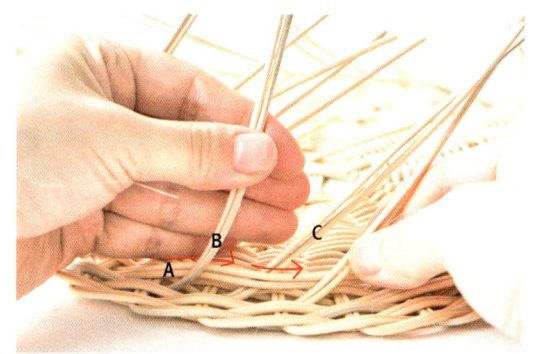

17 사진과 같이 날대 3조를 나란히 세로로 세우며 하상하 마무리를 시작한다. 이때, 날대가 안쪽으로 들어가거나 바깥으로 나오지 않게 유의한다. (64쪽 '하상하 마무리' 참조)

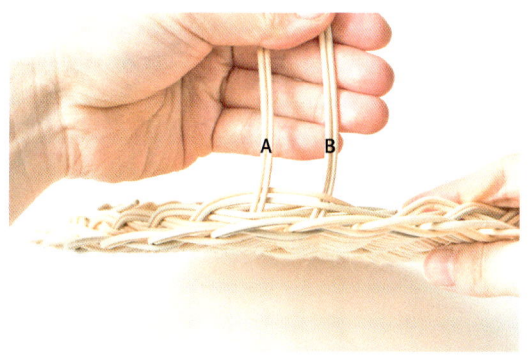 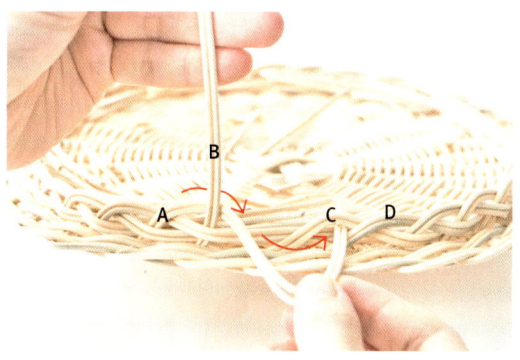

18 날대가 2조 남을 때까지 반복한다.

19 A 날대를 B, C, D 날대 기준으로 하상하 마무리한다.

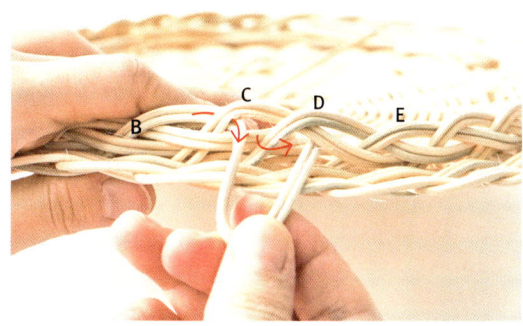 

20 B 날대를 C, D, E 날대 기준으로 하상하 마무리한다.

21 튀어나온 날대와 사릿대를 다듬는다.

05

Photo p.020

타원형 바스켓

재단 | 2.0mm 환심 70cm×8줄, 60cm×12줄

6cm

20cm

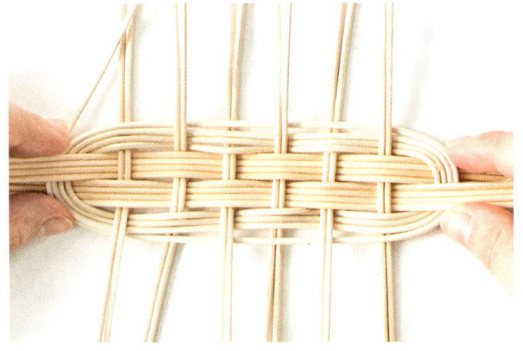

01 타원형 바닥으로 시작한다. (55쪽 '타원 바닥' 참조)

02 시작지점에서 사진처럼 새로운 사릿대 한 줄을 추가한다.

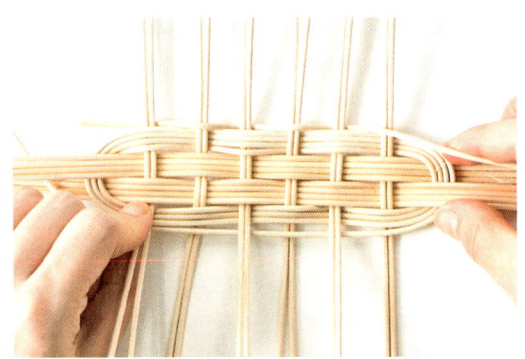

03 추가한 사릿대로 날대를 엮는다.

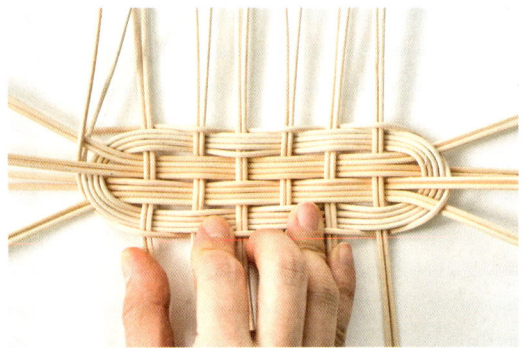

04 양옆 가로 날대를 2줄 1조로 나누며 한 바퀴 엮는다.

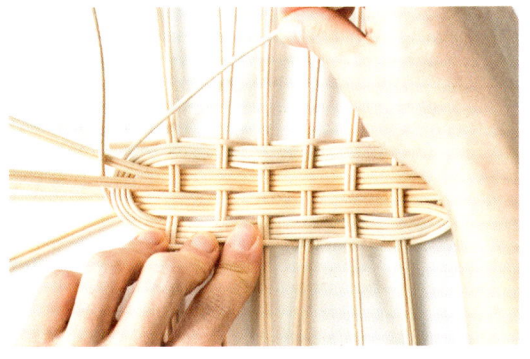

05 시작지점에서 사릿대를 바꿔 따라엮기한다.

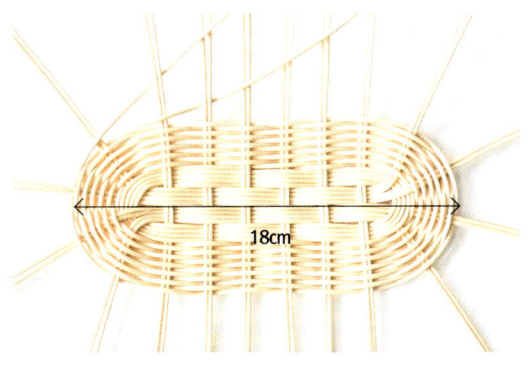

06 전체 가로 길이 18cm가 될 때까지 따라엮기한다.

18cm

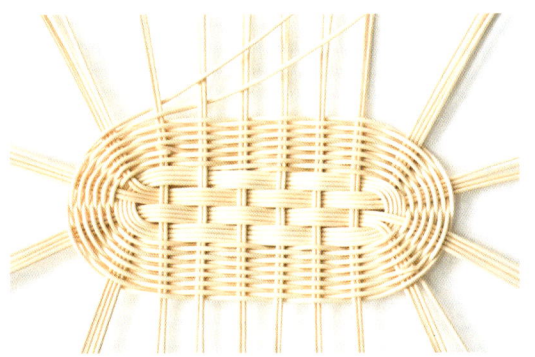

07 가로 날대 8조 양옆에 덧날대를 끼워 날대 4줄이 1조가 되도록 만든다. (78쪽 '덧날대 끼우기' 참조)

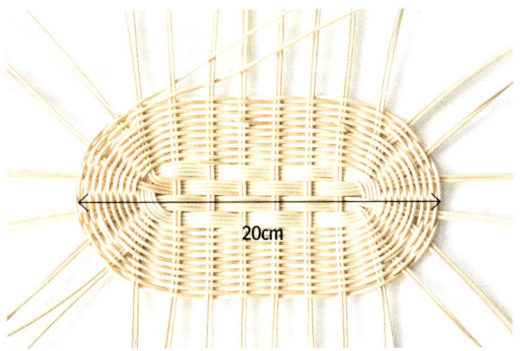

08 모든 날대를 다시 2줄 1조로 나누며 전체 가로 길이 20cm가 될 때까지 따라엮기한다.

20cm

09 몸체를 뒤집어 날대를 한 번씩 접었다 편다.

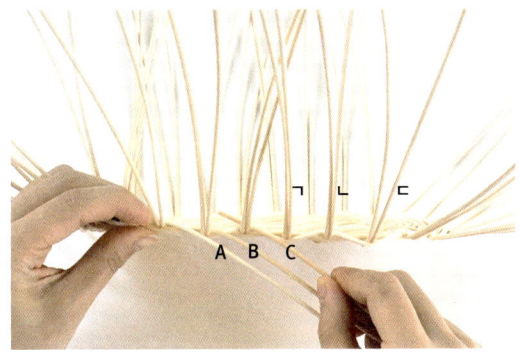

10 시작지점에서 사릿대를 한 줄을 추가해 세줄꼬아 엮기를 준비한다. (59쪽 '세줄꼬아엮기' 참조)

ㄱ ㄴ ㄷ
A B C

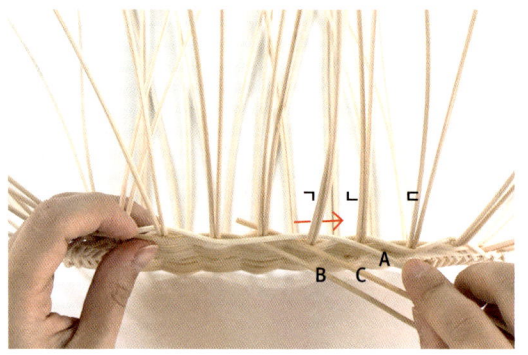

11 세줄꼬아엮기를 시작한다.

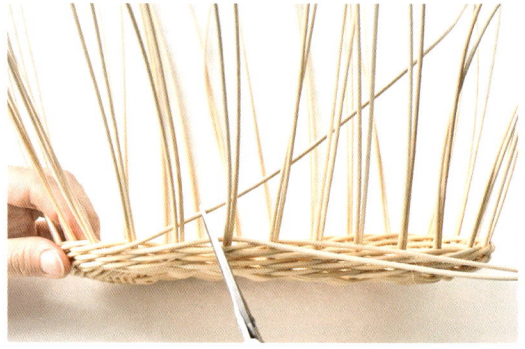

12 세줄꼬아엮기로 총 세 바퀴 엮은 후, 사릿대 한 줄
을 자른다.

13 남아있는 사릿대 두 줄을 이용하여 따라엮기를 시
작한다. (57쪽 '따라엮기' 참조)

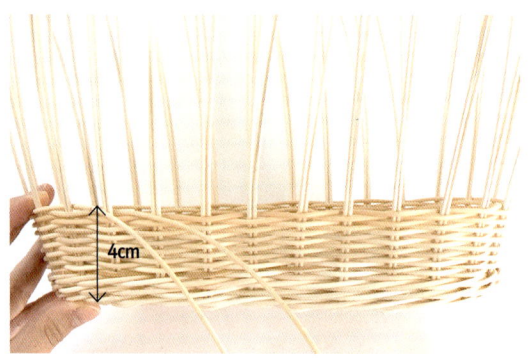

14 전체 높이 4cm가 될 때까지 엮는다.

15 시작지점에서 사릿대를 한 줄을 추가해 세줄꼬아
엮기 준비를 한다. (59쪽 '세줄꼬아엮기' 참조)

16 세줄꼬아엮기로 두 바퀴 엮은 후, 시작지점에서 모
든 사릿대를 자른다.

17 새로운 사릿대 한 줄을 바구니 둘레만큼 잘라 감아 엮기를 준비한다.

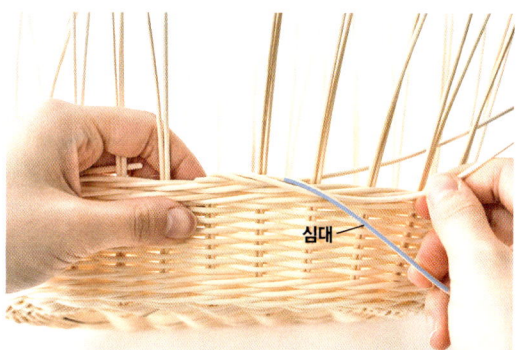

18 과정 17에서 준비한 사릿대를 심대로 사용하며 감 아엮기를 시작한다. (70쪽 '감아엮기' 참조)

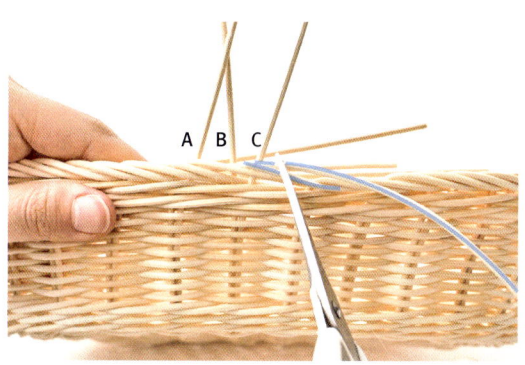

19 감아엮기로 한 바퀴 엮은 후, 날대가 세 줄 남았을 때 심대를 사진과 같이 자른다.

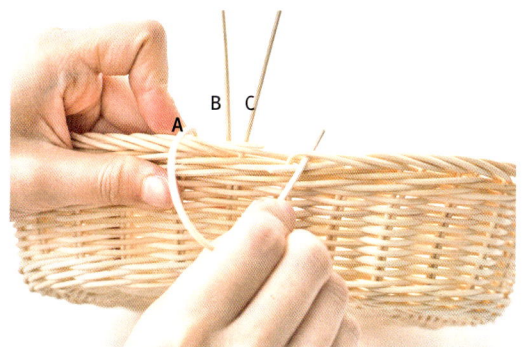

20 A 날대를 맨 처음 감은 날대 틈 사이로 넣는다.

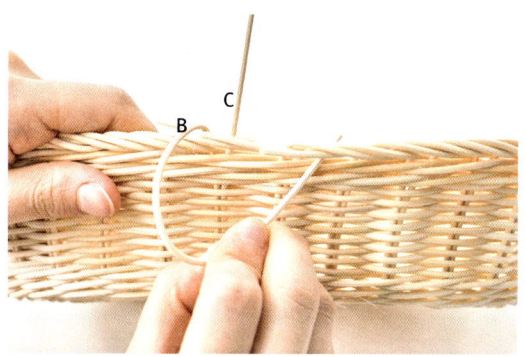

21 B 날대를 두 번째로 감은 날대 틈 사이로 넣는다.

22 C 날대로 심대를 감싸며, 세 번째로 감은 날대 틈 사이로 넣으며 정리한다.

23 사진과 같이 날대 3줄을 나란히 잡는다.

24 A 날대로 B, C 날대를 덮어 넣으며, 젖혀마무리를 시작한다. (73쪽 '젖혀마무리' 참조)

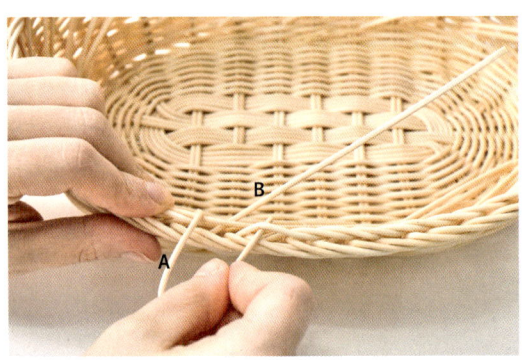

25 젖혀마무리로 한 바퀴 엮은 후, 날대가 2줄 남았을 때 A 날대를 가장 처음 젖힌 날대 틈 사이로 넣는다.

26 B 날대를 두 번째로 젖힌 날대 틈 사이로 넣고 마무리한다.

27 튀어나온 날대와 사릿대를 다듬는다.

손잡이 달기

01 완성된 바구니의 옆면에 송곳을 이용하여 틈을 벌린다.

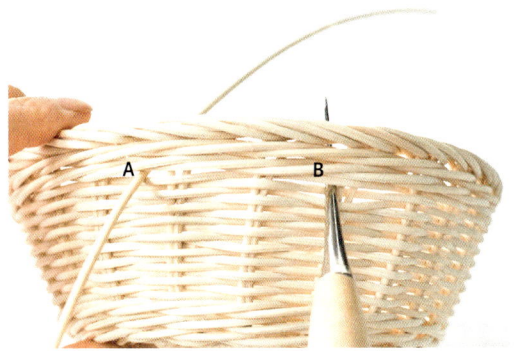

02 과정 1에서 만든 A 틈 사이로 사릿대 1줄을 약 25cm 정도 넣는다.
송곳으로 반대편도 B 틈을 만든다.

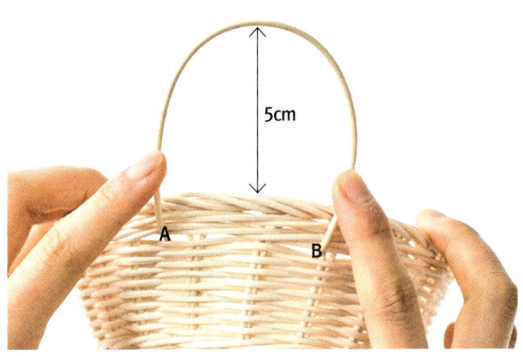

03 B 틈 사이로 사릿대 반대쪽 끝을 넣고, 약 5cm 높이로 손잡이를 만든다.

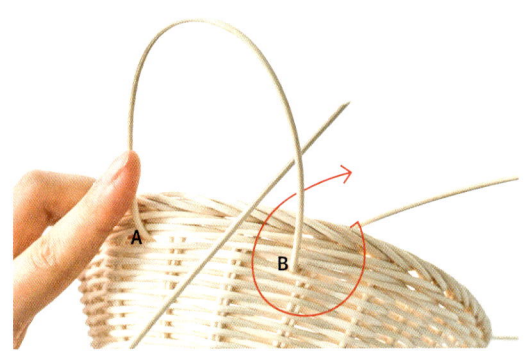

04 B 틈 사이로 넣은 사릿대를 끝을 잡고 B 지점 끝부터 감아올린다.

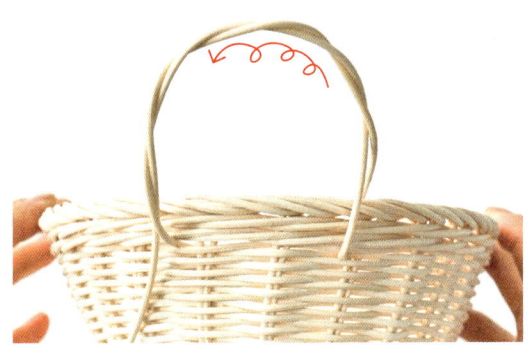

05 손잡이를 따라 총 네 바퀴 감는다.

06 사용하던 사릿대를 A 틈 안으로 넣는다.

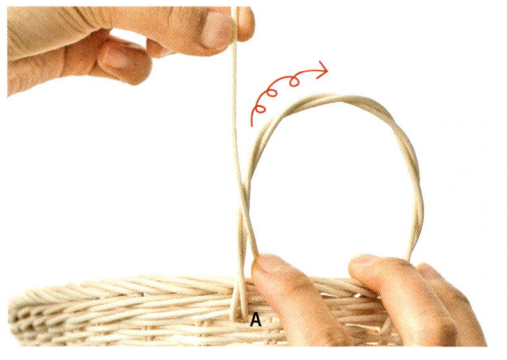

07 A 틈 사이로 넣은 사릿대 끝을 잡고 A 지점 끝부터 모양을 따라 다시 감아올린다.

08 손잡이를 따라 감은 후, B 틈 사이로 사릿대를 넣는다.

09 과정 8까지 완성.

10 ㄱ 사릿대를 이용하여 왼쪽 손잡이 아랫부분을 네 바퀴 감아 넣는다.

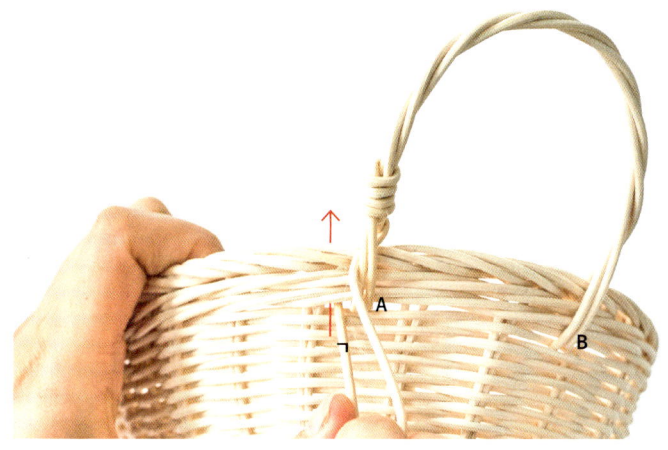

11 ㄱ 사릿대를 A 틈 사이로 넣는다.

12 ㄱ 사릿대를 안쪽 고리에 넣은 후 자른다.

13 ㄴ 사릿대도 같은 방법으로 마무리한다.

14 반대편도 같은 방법으로 손잡이를 달아 완성한다.

06

Photo p.022

회오리 코스터

재단 | 2.0mm 환심 40cm×11줄

10cm

회오리 코스터

01 세로 날대 5줄, 가로 날대 6줄을 이용하여 십자 바닥으로 시작한다. (51쪽 '십자 바닥' 참조)

02 작업물을 시계방향으로 반 바퀴 돌린다. 시작지점부터 날대 2줄을 1조로 나누면서 시계방향으로 막엮기한다. (56쪽 '막엮기' 참조)

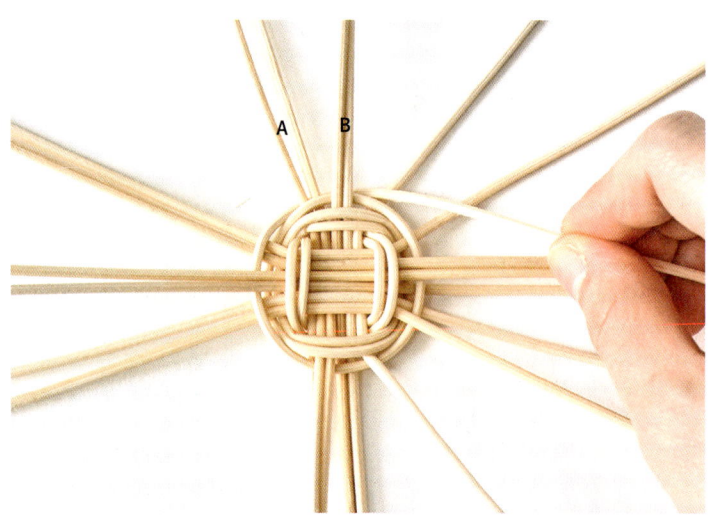

03 시작지점부터 날대를 2조씩 건너뛰며 엮는다. A, B 날대 아래로 사릿대를 통과시킨다.

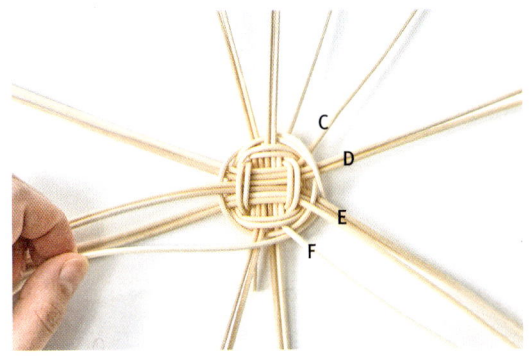

04 C, D 날대 위로 E, F 날대 아래로 사릿대를 통과시
킨다.

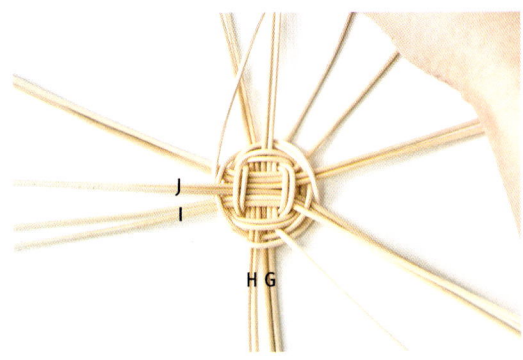

05 G, H 날대 위로 I, J 날대 아래로 사릿대를 통과시
킨다.

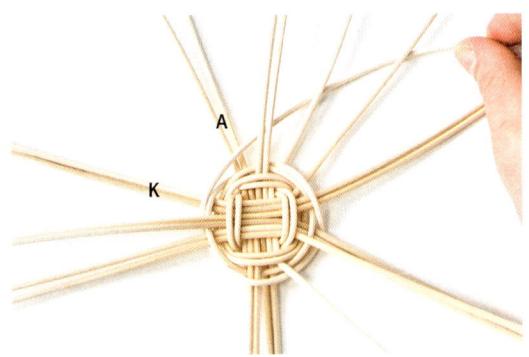

06 K, A 날대 위로 사릿대를 통과시킨다.

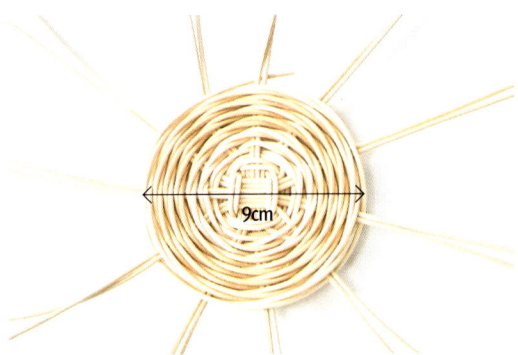

07 과정 3~6을 반복하며 지름 9cm가 될 때까지 엮은
후, 시작지점에서 사릿대를 자른다.

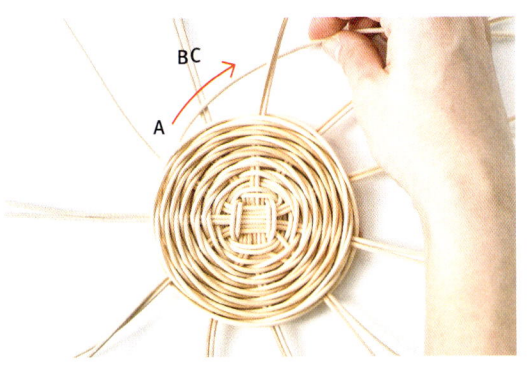

08 날대 1줄씩 이용하여 젖혀마무리를 시작한다. (73쪽 '젖혀마무리' 참조)
A 날대를 B, C 날대 위로 통과시킨 후, 뒤로 젖힌다.

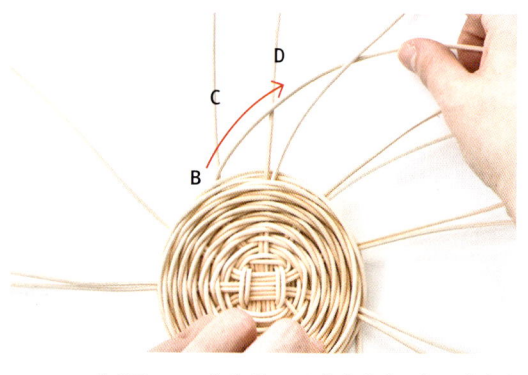

09 B 날대를 C, D 날대 위로 통과시킨 후, 뒤로 젖힌다.

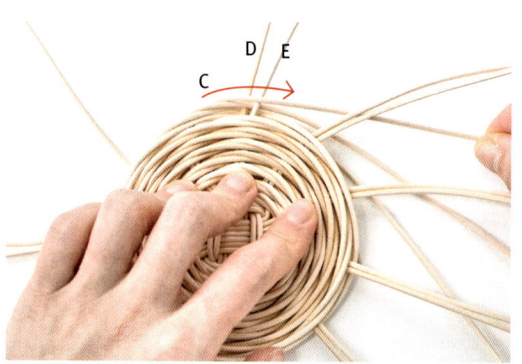

10 C 날대를 D, E 날대 위로 통과시킨 후, 뒤로 젖힌다.

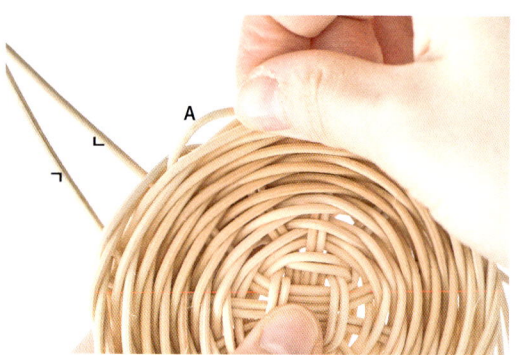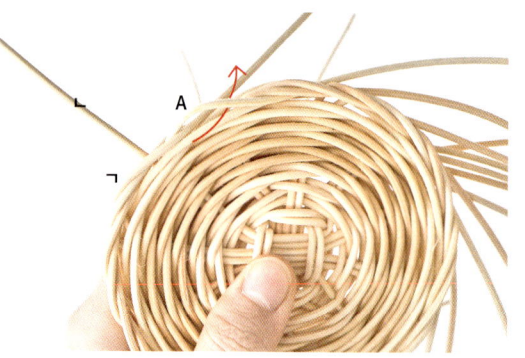

11 날대 2줄이 남을 때까지 과정 8~10을 반복한다.
처음 젖힌 A 날대의 틈을 송곳으로 벌린다.

12 ㄱ 날대를 A 날대 틈 사이로 넣는다.

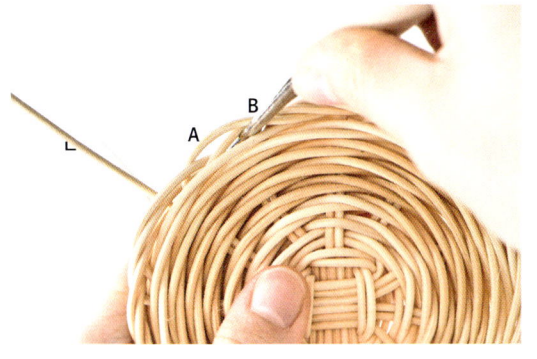

13 두 번째로 젖힌 B 날대 틈을 송곳으로 벌린다.

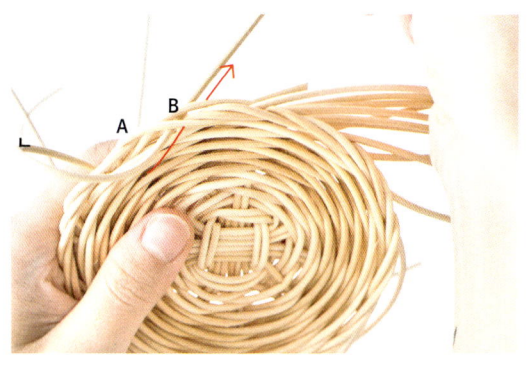

14 ㄴ 날대를 B 날대 틈 사이로 넣는다.

15 젖혀마무리를 한 바퀴 더 반복한다.

16 몸체를 뒤집은 후, 튀어나온 날대와 사릿대를 다듬
는다.

07

Photo p.024

원형 바스켓

재단 | 2.0mm 환심 70cm×15줄

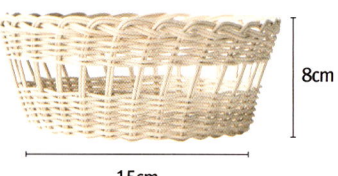

8cm

15cm

원형 바스켓

01 우물정 바닥으로 시작한다. (53쪽 '우물정 바닥' 기법 참조)

02 시작지점부터 날대 2줄을 1조로 나누면서 시계방향으로 막엮기한다. (56쪽 '막엮기' 참조)

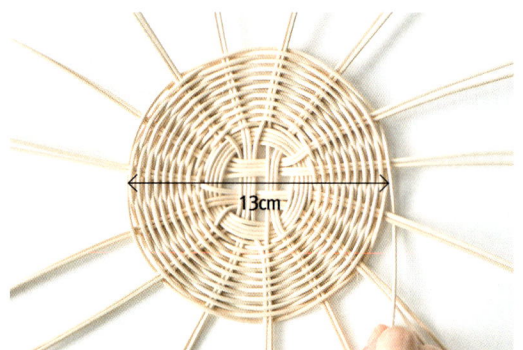

03 막엮기로 지름 13cm가 될 때까지 엮는다.

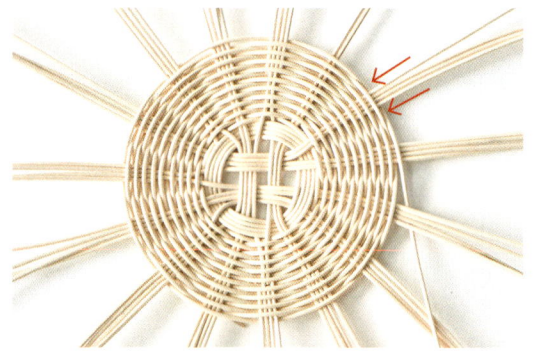

04 날대 한 조를 제외하고 나머지 날대 양옆으로 덧날대를 끼워 4줄 1조로 만든다. (78쪽 '덧날대 끼우기' 참조)

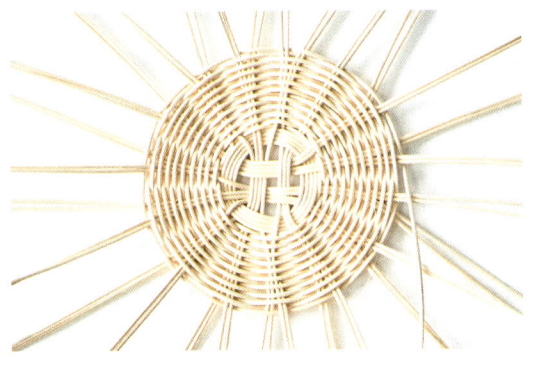

05 모든 날대를 다시 2줄 1조로 나누며 막엮기 한다.

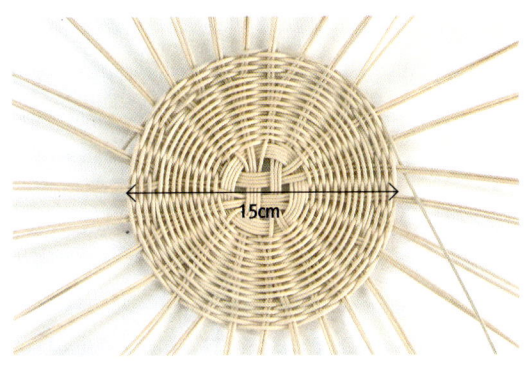

06 지름 15cm가 될 때까지 엮는다.

07 몸체를 뒤집어 날대를 한 번씩 접었다 편다.

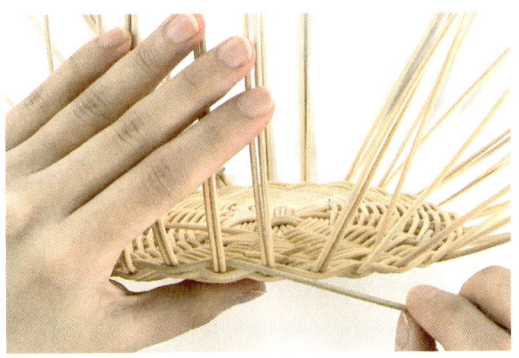

08 날대를 세워 원하는 각도를 만들면서 막엮기한다.

09 높이 3cm가 될 때까지 엮은 후, 시작지점에서 사릿대를 자른다.

10 새로운 사릿대 한 줄을 길게 반으로 접어 울타리 무늬 엮을 준비를 한다.

11 날대 한 조에 반으로 접은 사릿대를 끼운다.

12 꼬아엮기를 하며 울타리 무늬를 만든다. (61쪽 '울타리 무늬' 참조)

13 울타리 무늬로 한 바퀴 엮은 후, 사진과 같이 시작지점 날대 뒤에 있는 사릿대 한 줄을 자른다.

14 남은 사릿대 한 줄을 이용하여 다시 막엮기를 시작한다.

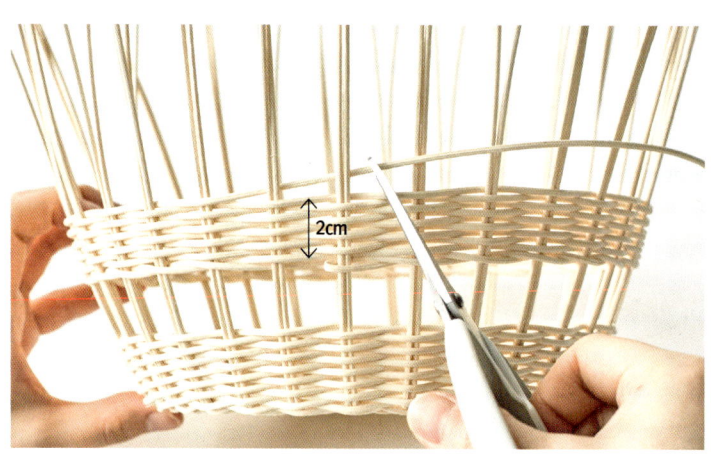

2cm

15 막엮기로 높이 2cm 엮은 후, 시작지점에서 사용하던 사릿대를 자른다.

16 날대 한 조씩 오른쪽 방향으로 접으며 하상하 마무리를 시작한다. 이때, 첫 날대는 끝마무리를 위해 안쪽에 여유 공간을 남기고 하상하 마무리를 한다. (64쪽 '하상하 마무리' 참조)

17 두 번째 날대부터는 빈틈없이 하상하 마무리를 이어간다.

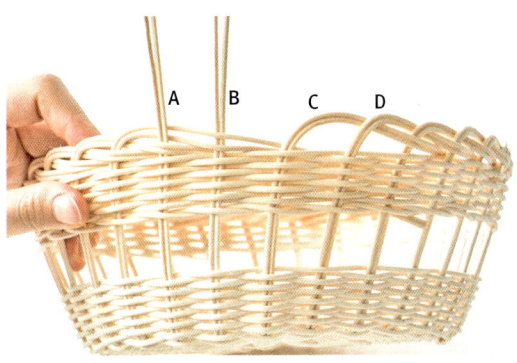

18 날대가 두 조 남을 때까지 반복한다.

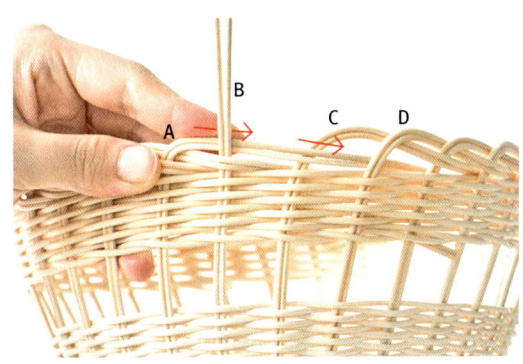

19 A 날대를 B, C, D 날대 기준으로 하상하 마무리를 한다.

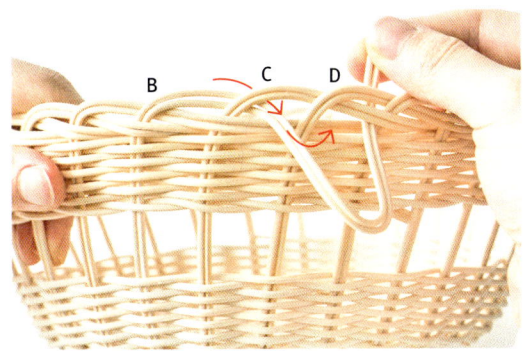

20 B 날대를 C, D, E 날대 기준으로 하상하 마무리를 한다.

21 튀어나온 날대와 사릿대를 다듬는다.

08
Photo p.026

플랜트 바스켓

재단 | 2.0mm 환심 60cm×13줄

01 세로 날대 6줄, 가로 날대 7줄을 이용하여 십자 바닥으로 시작한다. (51쪽 '십자 바닥' 참조)

02 시작지점부터 날대 2줄을 1조로 나누면서 시계방향으로 막엮기한다. (56쪽 '막엮기' 참조)

03 막엮기로 지름 8cm가 될 때까지 엮는다.

12cm

8cm

04 몸체를 뒤집어 날대를 한 번씩 접었다 편다.

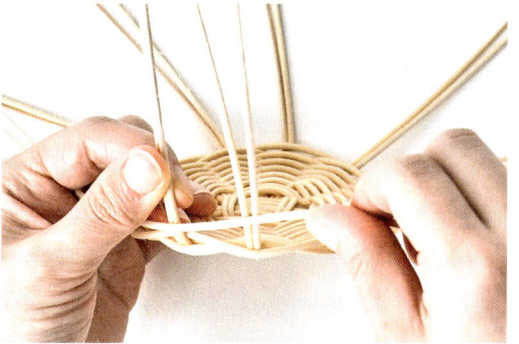

05 날대를 세워 원하는 각도를 만들면서 막엮기한다.

10㎝

06 높이 10cm가 될 때까지 엮은 후, 시작지점에서 사릿대를 자른다.

07 날대 한 조씩 오른쪽 방향으로 접으며 상하상하 마무리를 시작한다. 이때, 첫 날대는 끝마무리를 위해 안쪽에 여유 공간을 남기고 상하상하 마무리를 한다. (66쪽 '상하상하 마무리' 참조)

08 두 번째 날대부터는 빈틈없이 상하상하 마무리를 이어간다.

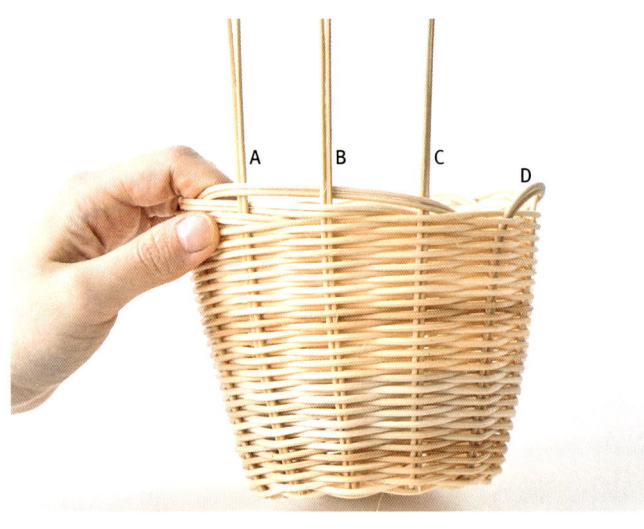

09 날대 세 조가 남을 때까지 반복한다.

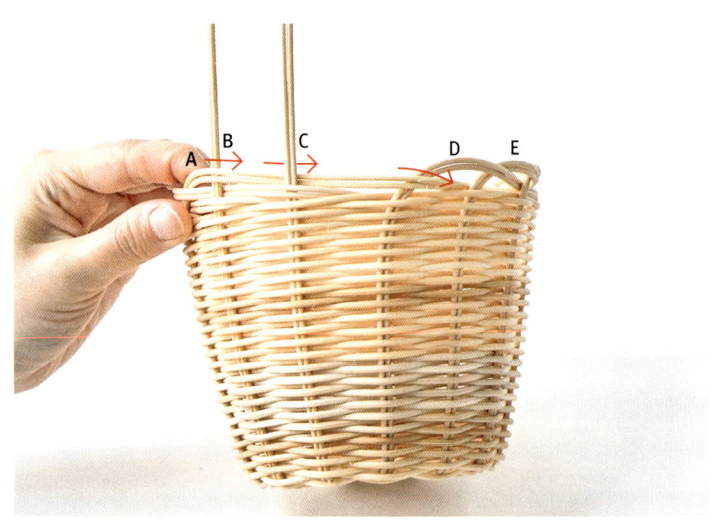

10 A 날대를 B, C, D, E 날대 기준으로 상하상하 마무리를 한다.

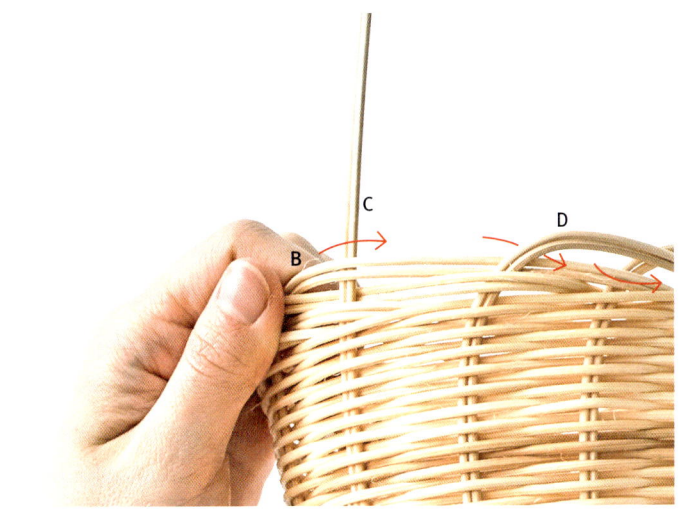

11 B 날대를 C, D, E, F 날대 기준으로 상하상하 마무리를 한다.

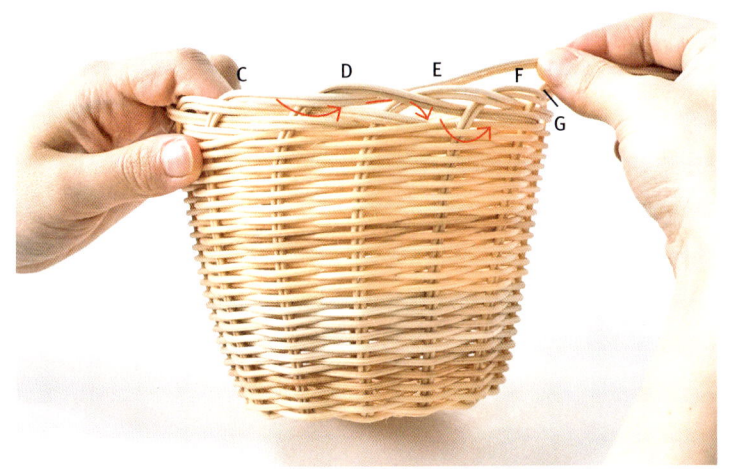

12 C 날대를 D, E, F, G 날대 기준으로 상하상하 마무리를 하며 정리한다.

13 튀어나온 날대와 사릿대를 다듬는다.

09

Photo p.030

컵 홀더

재단 | 2.0mm 환심 60cm×11줄
준비물 | 유리컵

01 세로 날대 5줄, 가로 날대 6줄을 이용하여 십자 바닥으로 시작한다. (51쪽 '십자 바닥' 참조)

02 작업물을 시계방향으로 반 바퀴 돌린다.
시작지점부터 날대 2줄을 1조로 나누면서 시계방향으로 막엮기한다. (56쪽 '막엮기' 참조)

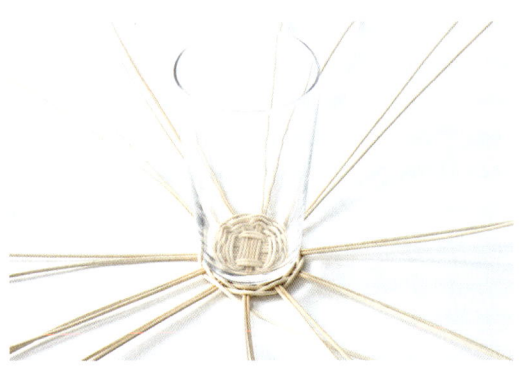

03 컵 바닥 사이즈보다 약 한 줄 정도 여유 있게 엮는다.

04 몸체를 뒤집어 날대를 한 번씩 접었다 편 후, 컵 각도에 맞춰 막엮기한다.

9cm

6cm

5cm

05 높이 5cm까지 막엮기한 후, 시작지점에서 사릿대를 자른다.

06 새로운 사릿대 한 줄을 반으로 접어 X 무늬 엮기를 준비한다. (62쪽 'X 무늬' 참조)

07 사진과 같이 X 무늬 만들기를 시작한다.

08 X 무늬를 한 바퀴 엮은 후, 사진과 같이 시작지점 날대 뒤에 있는 사릿대 한 줄을 자른다.

09 꼬여있는 날대를 나란히 세우며 막엮기한다.

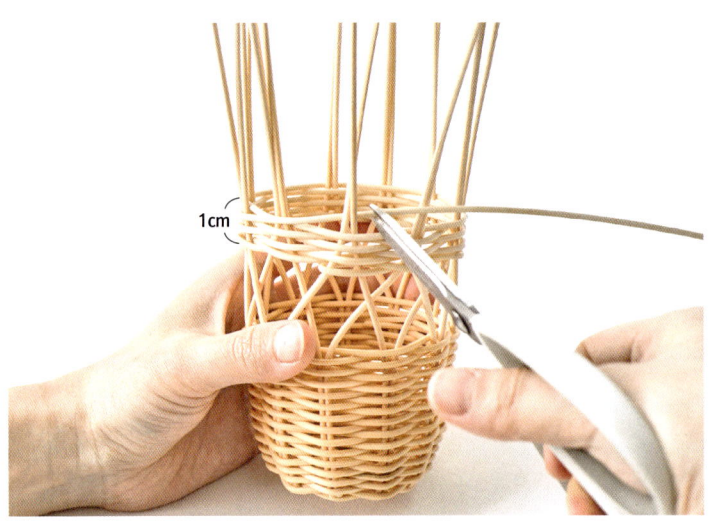

1cm

10 막엮기로 높이 1cm 엮은 후, 사릿대를 자른다.

11 날대 한 조씩 오른쪽 방향으로 접으며 하상하 마무리를 시작한다. 이때, 첫 날대는 끝마무리를 위해 안쪽에 여유 공간을 남기고 하상하 마무리를 한다. (64쪽 '하상하 마무리' 참조)

12 두 번째 날대부터는 빈틈없이 하상하 마무리를 이어간다.

13 마지막 남은 A 날대를 B, C, D 날대 기준으로 하상하 마무리를 한다.

14 튀어나온 날대와 사릿대를 다듬는다.

*X 무늬 없이 원하는 높이까지 엮은 후 하상하 마무리를 하면 새로운 디자인의 컵 홀더를 만들 수 있다.

10

Photo p.032

테이블 매트

재단 | 2.0mm 환심 80cm×8줄, 70cm×12줄

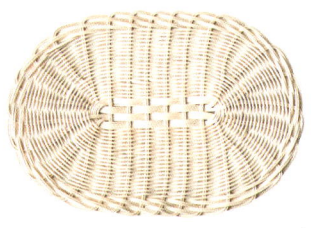

약 35cm

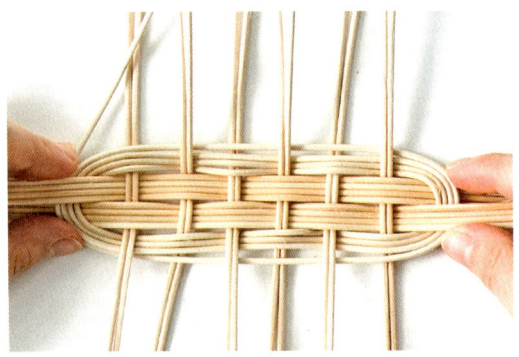

01 타원 바닥으로 시작한다. (55쪽 '타원 바닥' 참조)

02 시작지점에 사진과 같이 새로운 사릿대 한 줄을 추가한다.

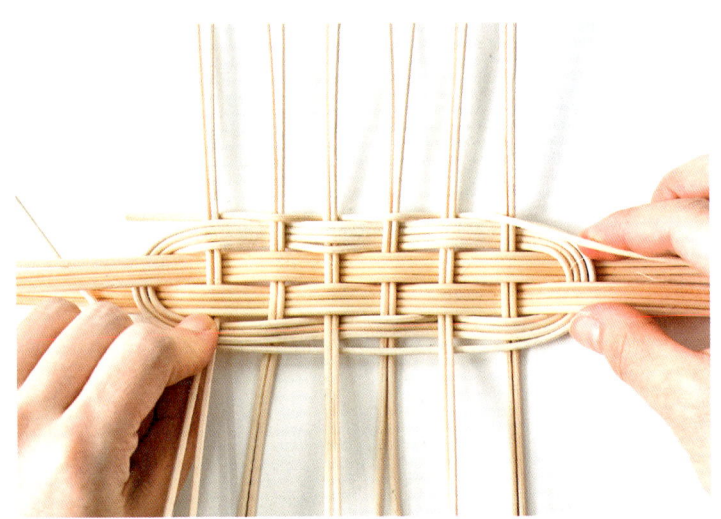

03 추가한 사릿대로 날대를 엮는다.

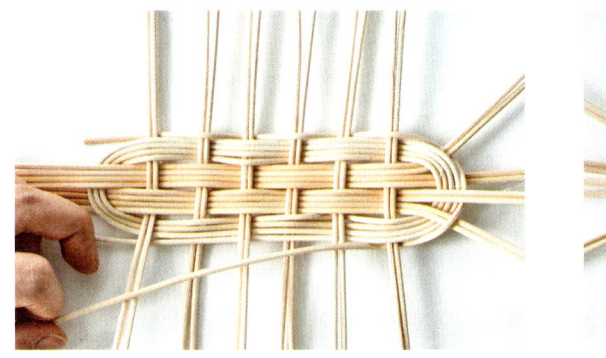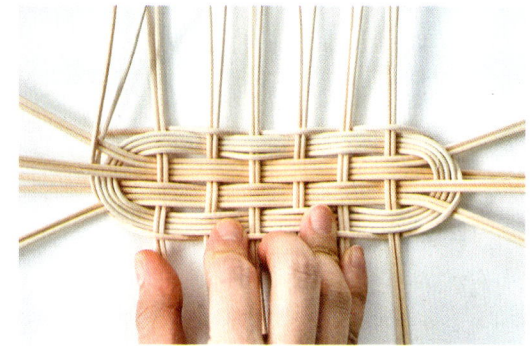

04 계속해서 양옆 가로 날대를 2줄 1조로 나누며 한 바퀴 엮는다.

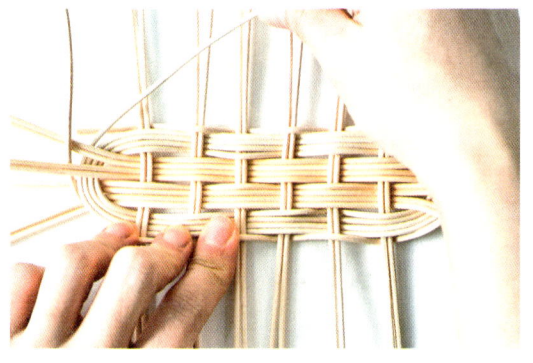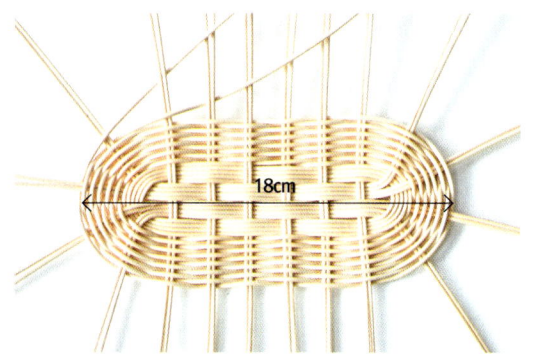

05 시작지점에서 사릿대를 바꿔 따라엮기한다. (57쪽 '따라엮기' 참조)

06 전체 가로 길이 18cm가 될 때까지 따라엮기한다.

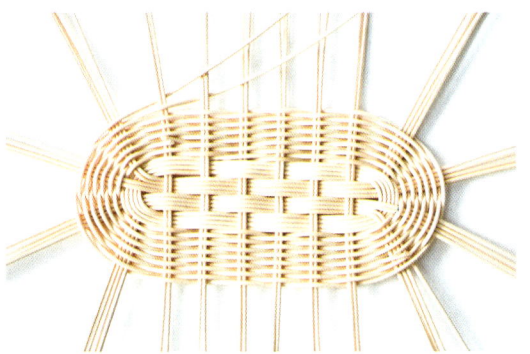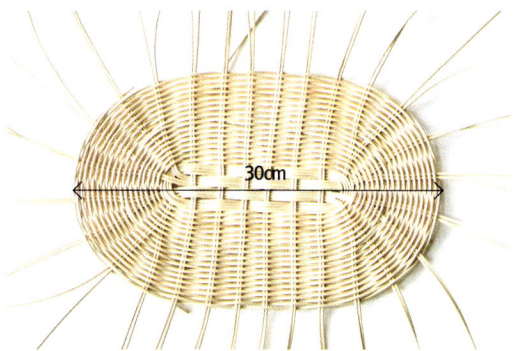

07 가로 날대 8조에 덧날대를 끼워 날대 4줄이 1조가 되도록 만든다. (78쪽 '덧날대 끼우기' 참조)

08 모든 날대를 다시 2줄 1조로 나누며 전체 가로 길이 30cm가 될 때까지 엮는다. 시작지점에서 사릿대를 자른다.

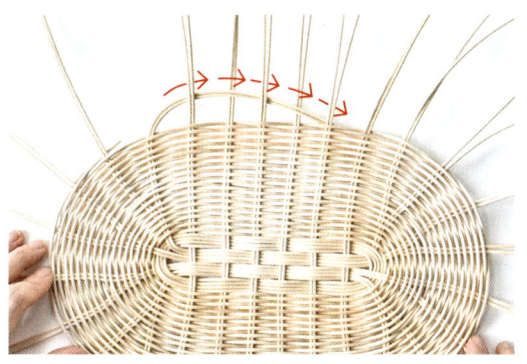

09 날대 한 조씩 오른쪽 방향으로 접으며 하상하상하 마무리를 시작한다. 이때, 첫 날대는 끝마무리를 위해 안쪽에 여유 공간을 남기고 하상하상하 마무리를 한다. (68쪽 '하상하상하 마무리' 참조)

10 두 번째 날대부터는 빈틈없이 하상하상하 마무리를 이어간다.

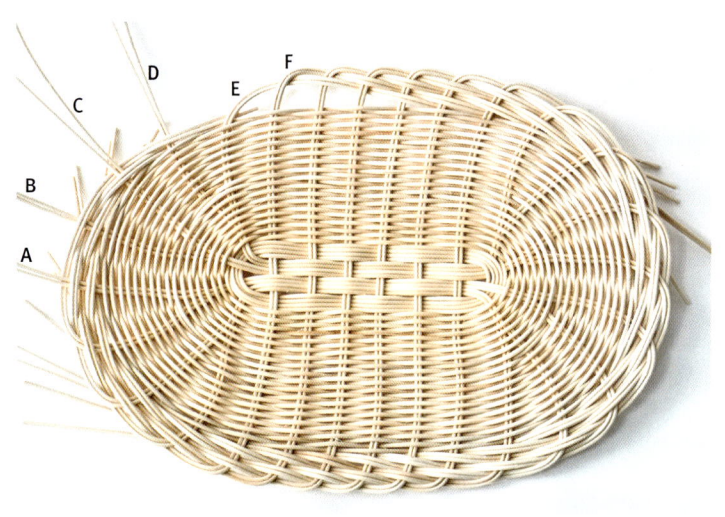

11 날대가 4조 남을 때까지 반복한다.

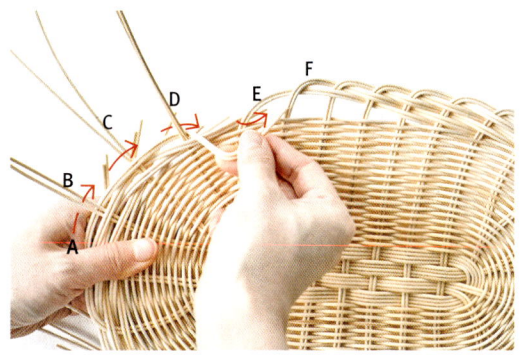

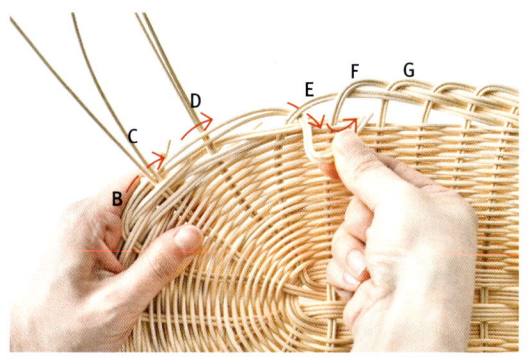

12 A 날대를 B, C, D, E, F 날대 기준으로 하상하상하 마무리를 한다.

13 B 날대를 C, D, E, F, G 날대 기준으로 하상하상하 마무리를 한다.

14 C 날대를 D, E, F, G, H 날대 기준으로 하상하상하 마무리를 한다.

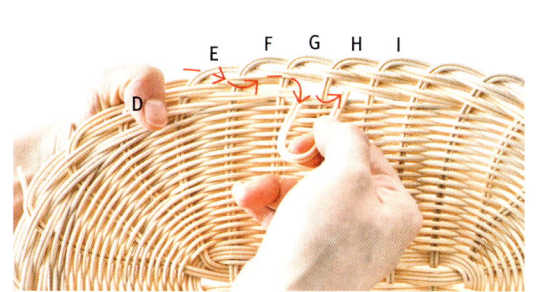

15 D 날대를 E, F, G, H, I 날대 기준으로 하상하상하 마무리를 하며 정리한다.

16 몸체를 뒤집은 후, 튀어나온 날대와 사릿대를 다듬는다.

11

Photo p.050

피크닉 바스켓

재단 | 2.5mm 환심 90cm×16줄

21cm

17cm

01 쌀미 바닥으로 시작한다. (54쪽 '쌀미 바닥' 참조)

02 시작지점부터 날대 2줄을 1조씩 나누면서 시계방향으로 한 바퀴 엮는다.

03 사진과 같이 시작지점에서 새로운 사릿대 한 줄을 추가한다.

04 사릿대 한 줄씩 번갈아 가며 따라엮기한다. (57쪽 '따라엮기' 참조)

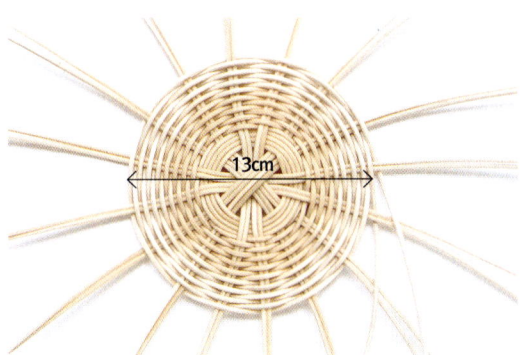

05 지름 13cm가 될 때까지 따라엮기한다.

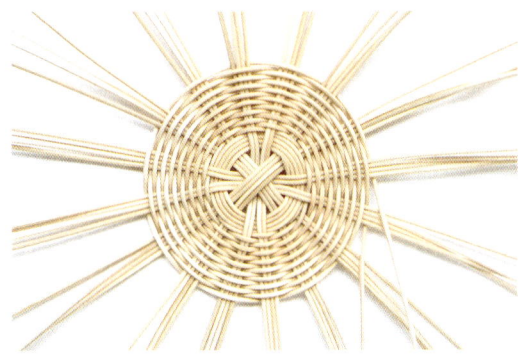

06 모든 날대의 양옆으로 덧날대를 끼워 날대 4줄이 1조가 되도록 만든다. (78쪽 '덧날대 끼우기' 참조)

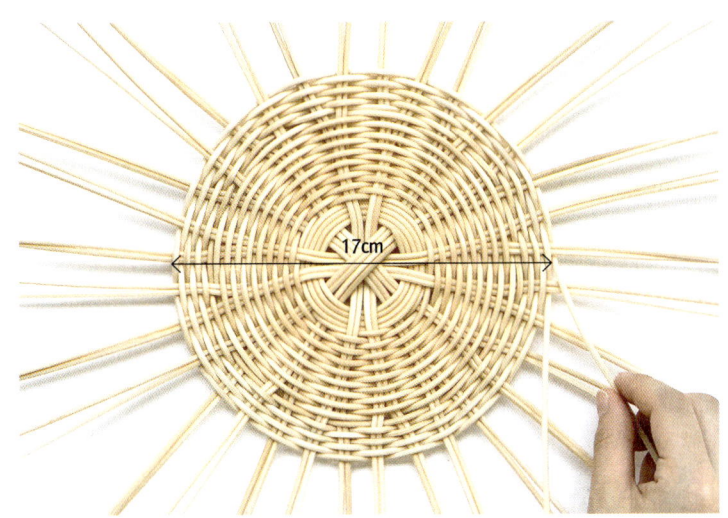

07 모든 날대를 다시 2줄 1조로 나누며 지름 17cm가 될 때까지 따라엮기한다.

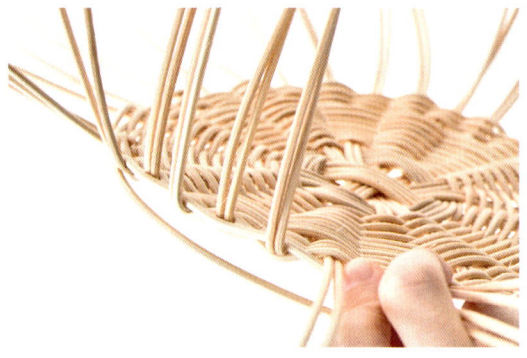

08 몸체를 뒤집어 날대를 한 번씩 접었다 편다.

09 날대를 세워 원하는 각도를 만들면서 따라엮기한다.

10 높이 15cm가 될 때까지 따라엮기 후, 시작지점에 서 멈춘다.

11 사릿대 한 줄을 추가하여 세줄꼬아엮기를 시작한 다. (59쪽 '세줄꼬아엮기' 참조)

5cm

12 세줄꼬아엮기로 5cm 더 높인다.

13 모든 사릿대를 시작지점에서
자른다.

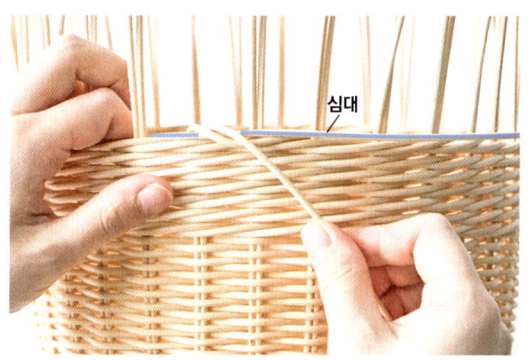

14 심대 한 줄을 준비한다. 날대 한 줄씩 심대를 감으
며 감아엮기를 시작한다. (70쪽 '감아엮기' 참조)

15 감아엮기로 한 바퀴 엮은 후, 날대가 3줄 남았을 때
심대를 사진과 같이 자른다.
A 날대를 맨 처음 감은 날대 틈 사이로 넣는다.

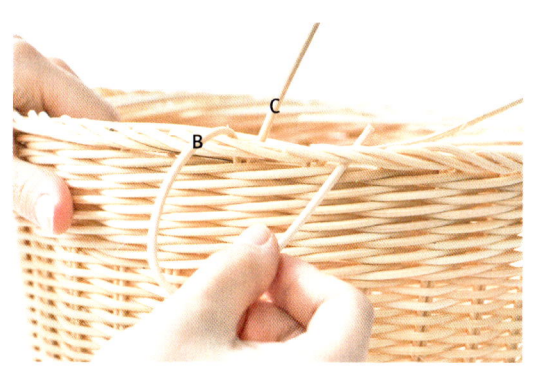

16 B 날대를 두 번째로 감은 날대 틈 사이로 넣는다.

17 C 날대로 심대를 감싸면서 세 번째로 감은 날대 틈
사이로 넣어 감아엮기를 마무리한다.

18 사진과 같이 날대 3줄을 나란히 잡아 젖혀마무리를 준비한다.

19 A 날대로 B, C 날대를 덮어 넣으며 젖혀마무리를 시작한다. (73쪽 '젖혀마무리' 참조)

20 젖혀마무리로 한 바퀴를 엮은 후, 날대가 2줄 남았을 때 A 날대를 처음 젖힌 날대 틈 사이로 넣는다.

21 B 날대를 두 번째로 젖힌 날대 틈 사이로 넣으며 마무리한다. 틈을 벌릴 때는 송곳을 이용한다.

22 튀어나온 날대와 사릿대를 다듬는다.

손잡이 달기

* 7.0mm 환심 준비

01 7.0mm 환심을 사용한다. 바스켓 양쪽으로 깊이 약 3cm 정도 넣어 줄 길이를 생각하며 원하는 손잡이 높이만큼 사선으로 재단한다.

02 송곳을 이용하여 손잡이 넣을 부분의 틈을 만든다. 반대쪽에도 똑같이 틈을 만든다.

손잡이 심대

03 손잡이 양쪽 끝이 마주보도록 벌어진 틈으로 심대를 3cm 정도 넣는다.

04 송곳을 이용하여 A 지점 손잡이 왼쪽에 틈을 만든다.

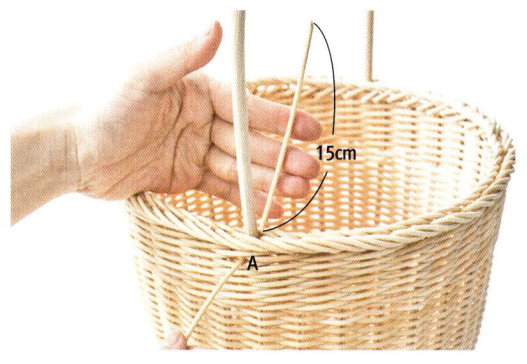

05 과정 4에서 만들어 놓은 틈 사이로 2.5mm 사릿대를 15cm 정도 넣는다.

06 과정 5에서 넣은 사릿대를 이용하여 A 지점 끝에서 부터 심대를 따라 감아올린다.

07 A 지점에서 B 지점까지 일정한 간격을 유지하며 사릿대를 계속 감는다.

08 B 지점 손잡이 옆으로 틈을 만들어 사용하던 사릿대를 넣는다. 사릿대는 15cm 정도 남기고 자른다.

09 A 지점 첫 번째 사릿대 왼쪽으로 틈을 만든 후, 새로운 사릿대를 15cm 정도 넣는다.

10 과정 9에서 넣은 사릿대를 이용하여 감겨있는 첫 번째 사릿대를 따라 나란히 감는다.

11 과정 8~10을 반복하며 사릿대 4줄을 감는다.

12 A 지점 심대 오른쪽으로 새로운 사릿대를 15cm 정도 넣는다.

13 과정 12에서 넣은 사릿대를 이용하여 이미 감겨있는 사릿대들을 따라 나란히 감아올린다.

14 같은 방법을 반복하며 사릿대 총 8줄을 감는다.

15 심대의 빈틈이 없어질 때까지 사릿대를 추가해 앞의 과정을 반복한다. 이때, 심대 양옆으로 사릿대 개수를 맞추며 감는다.

16 사릿대를 모두 감은 모습.

17 심대 양옆으로 나와 있는 사릿대들은 사진과 같이 X자 모양으로 접어 올린다.

18 새로운 사릿대 한 줄을 약 10cm 정도 접어 준비한다.

19 접어놓은 사릿대를 사진과 같이 손잡이 사릿대 안으로 넣고 같이 잡는다.

20 넣은 사릿대의 긴 쪽을 이용하여 손잡이와 X자 모양으로 올린 사릿대를 함께 6바퀴 감는다.

21 송곳을 이용하여 감은 사릿 대 안쪽으로 틈을 만든다.

22 과정 21에서 만들어 놓은 틈 사이로 감아놓은 사릿대를 넣고 바짝 당긴다.

23 감아놓은 사릿대를 짧게 자른다.

24 나머지 사릿대도 짧게 잘라 다듬는다.

25 반대쪽 손잡이도 같은 방법
으로 만들어 완성한다.

12
Photo p.038

핸들 바스켓

재단 | 2.0mm 환심 75cm×15줄

01 우물정 바닥으로 시작한다. (53쪽 '우물정 바닥' 참조)

02 시작지점부터 날대 2줄을 1조씩 나누면서 시계방향으로 막엮기한다. (56쪽 '막엮기' 참조)

03 막엮기로 지름 13cm가 될 때까지 엮는다.

04 날대 한 조를 제외하고 나머지 날대 양옆으로 덧날대를 끼워 날대 4줄이 1조가 되도록 만든다. (78쪽 '덧날대 끼우기' 참조)

10cm

25cm

05 막엮기로 모든 날대를 다시 2줄 1조로 나눈다.

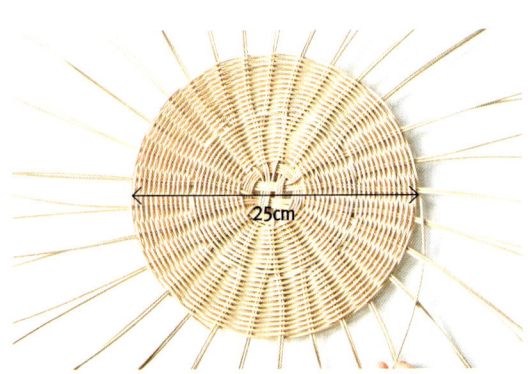

25cm

06 막엮기로 전체 지름이 25cm가 될 때까지 엮는다.

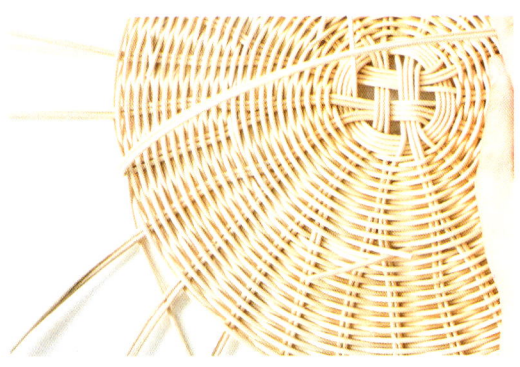

07 몸체를 뒤집어 날대를 한 번씩 접었다 편다.

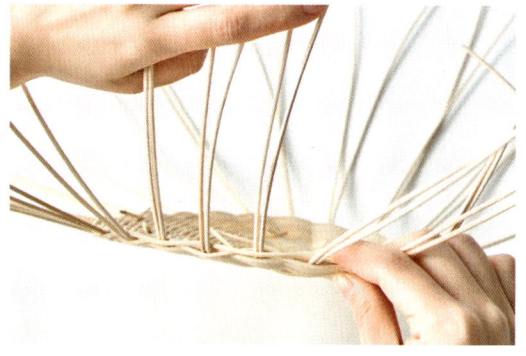

08 날대를 세워 원하는 각도를 만들면서 막엮기한다.

09 높이 3cm가 될 때까지 막엮기한 후, 시작지점에서 멈춘다.

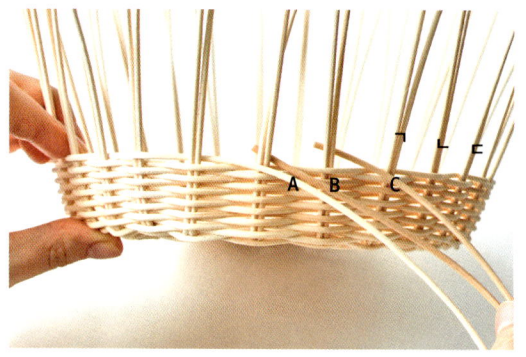

10 사릿대 2줄을 추가하여 세줄꼬아엮기를 준비한다.

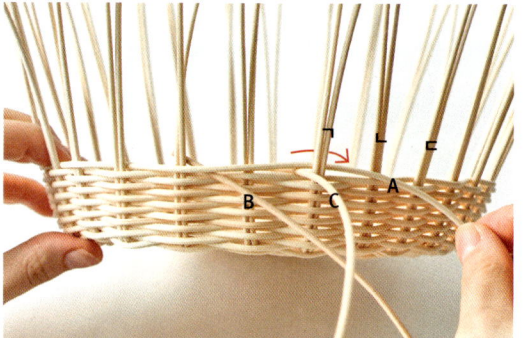

11 A 사릿대를 ㄱ 날대에 걸어 세줄꼬아엮기를 시작한다. (59쪽 '세줄꼬아엮기' 참조)

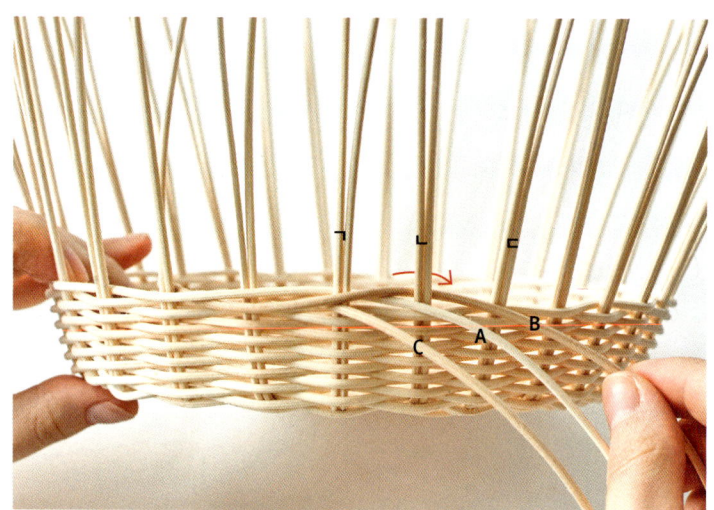

12 B 사릿대를 ㄴ 날대에 건다.

13 C 사릿대를 ㄷ 날대에 건다.

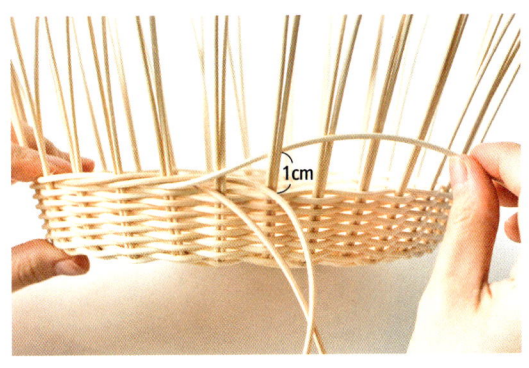

14 다음 날대에 1cm 간격을 두고 세줄꼬아엮기를 하며 손잡이 만들기를 시작한다.

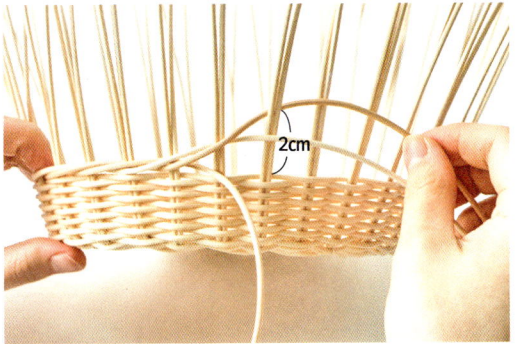

15 다음 날대에 2cm 간격을 두고 세줄꼬아엮기를 한다.

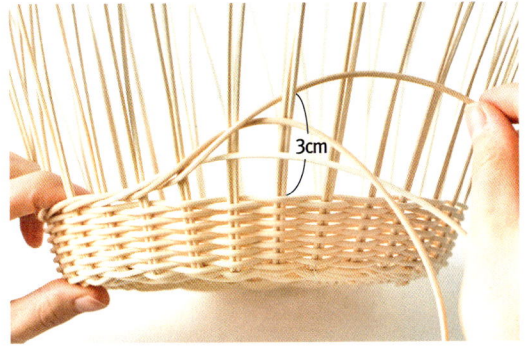

16 다음 날대에 3cm 간격을 두고 손잡이의 가장 높은 부분을 만들며 세줄꼬아엮기를 한다.

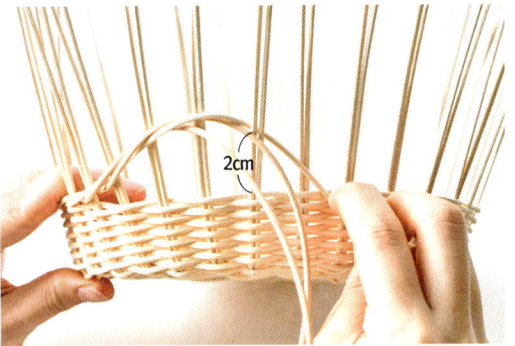

17 다음 날대에 2cm 간격을 두고 세줄꼬아엮기를 한다.

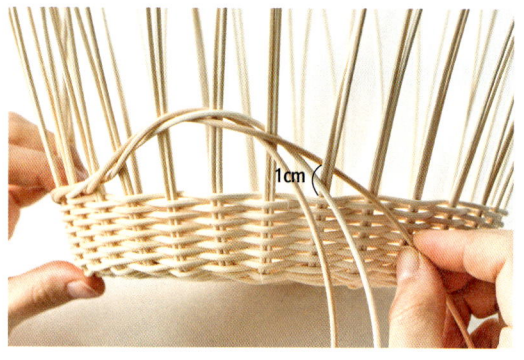

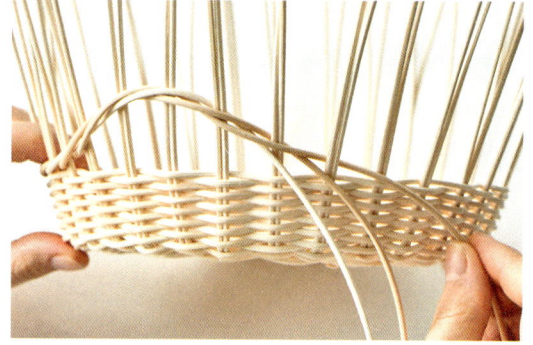

18 다음 날대에 1cm 간격을 두고 세줄꼬아엮기로 손
잡이를 마무리한다.

19 다시 간격 없이 세줄꼬아엮기를 이어간다.

20 반대편 손잡이도 대칭이 되
는 위치에 과정 14~18까지와
같은 방법으로 만든다.
양쪽 손잡이를 만든 후 높이 3cm를
더 엮는다.

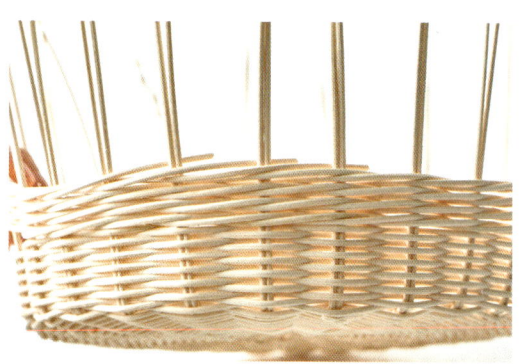

21 사용하던 사릿대를 시작지점에서 모두 자른다.

22 심대 한 줄을 준비해 감아엮기를 시작한다. (70쪽
'감아엮기' 참조)

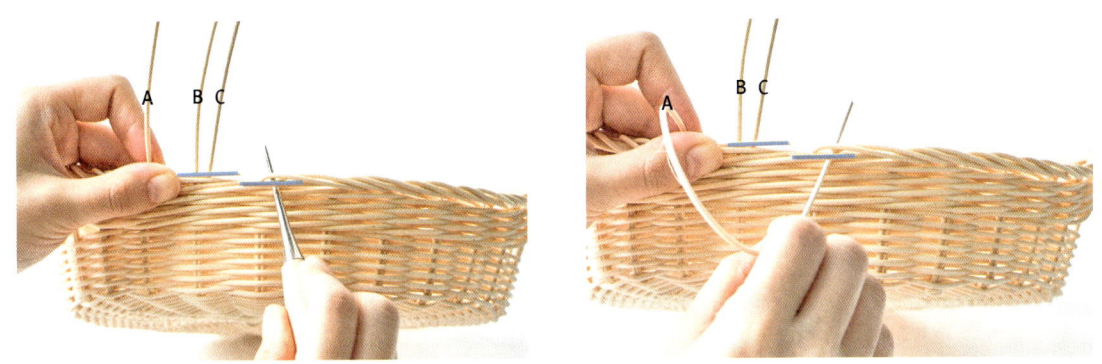

23 감아엮기 한 바퀴 반복한 후, 날대가 3줄 남았을 때 심대 양끝이 맞닿도록 자른다.
A 날대를 맨 처음 접은 날대 틈 사이로 넣는다.

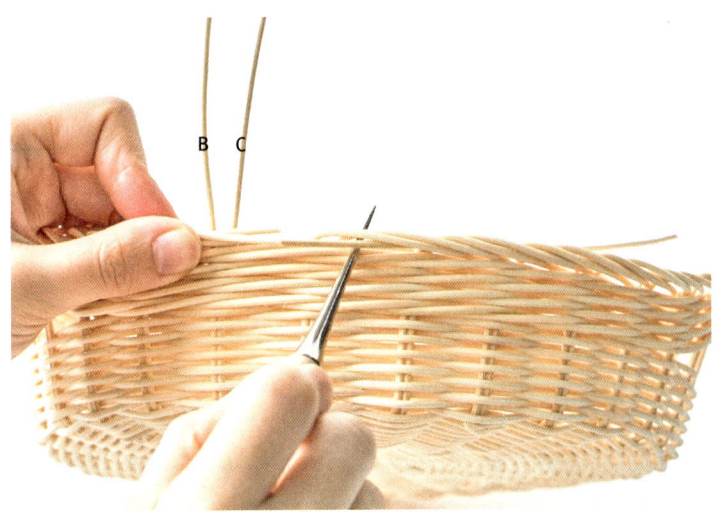

24 B 날대를 두 번째로 접은 날
대 틈 사이로 넣는다.

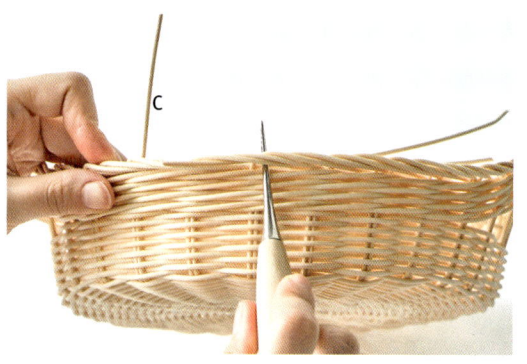

25 C 날대를 세 번째로 접은 날대 틈 사이로 넣고 감아엮기를 마무리한다.

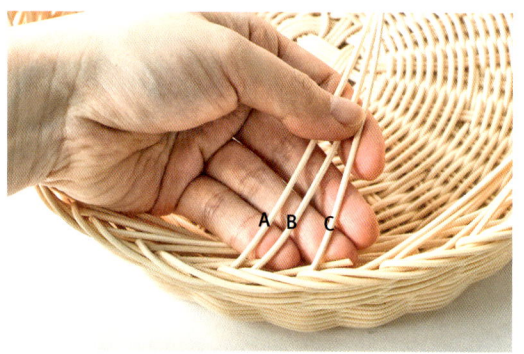

26 사진과 같이 날대 3줄을 나란히 잡는다.

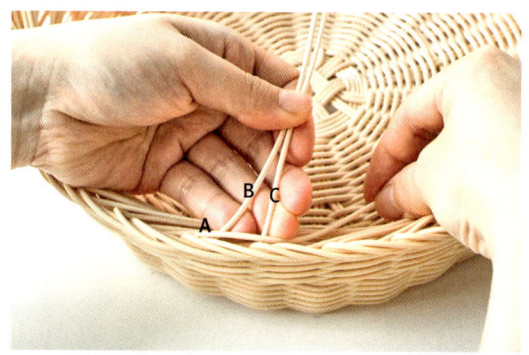

27 A 날대로 B, C 날대를 덮어 넣으며 젖혀마무리를 시작한다. (73쪽 '젖혀마무리' 참조)

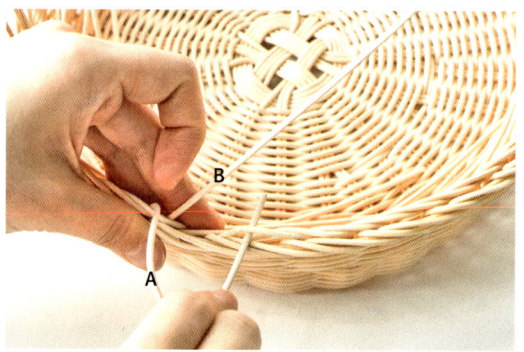

28 젖혀마무리를 한 바퀴 엮은 후, 날대가 2줄 남았을 때 A 날대를 맨 처음 젖힌 날대 틈 사이로 넣는다.

29 B 날대를 두 번째로 젖힌 날대 틈 사이로 넣어 젖혀마무리를 완성한다.

30 튀어나온 날대와 사릿대를 다듬는다.

13

Photo p.040

통통 바스켓

재단 | 2.0mm 환심 70cm×8줄, 60cm×12줄

4cm

25cm

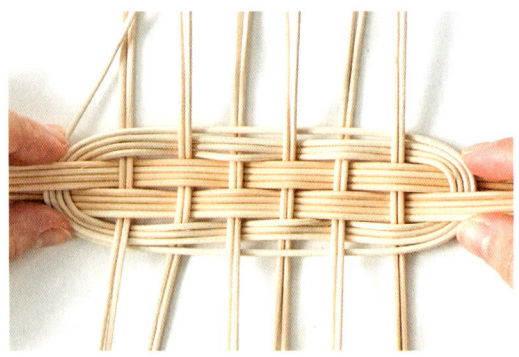

01 타원 바닥으로 시작한다. (55쪽 '타원 바닥' 참조)

02 시작지점에서 사진과 같이 새로운 사릿대 한 줄을 추가한다.

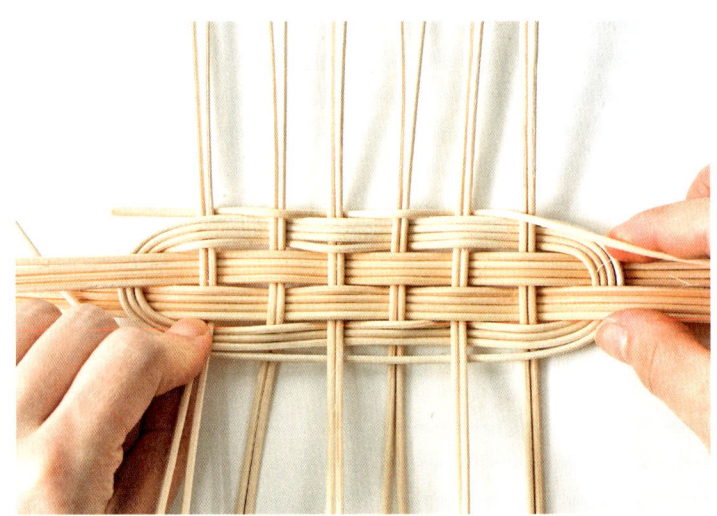

03 추가한 사릿대로 날대를 엮는다.

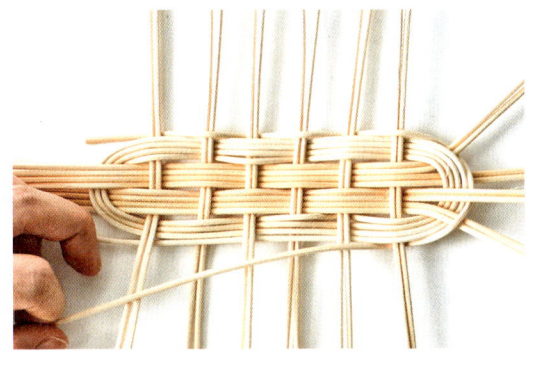

04 양옆 가로 날대를 2줄 1조로 나누며 한 바퀴 엮는다.

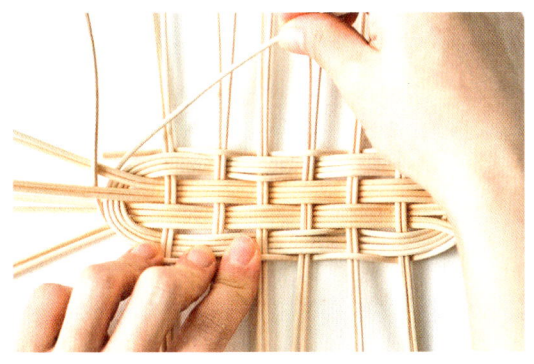

05 시작지점에서 사릿대를 바꿔 따라엮기한다. (57쪽 '따라엮기' 참조)

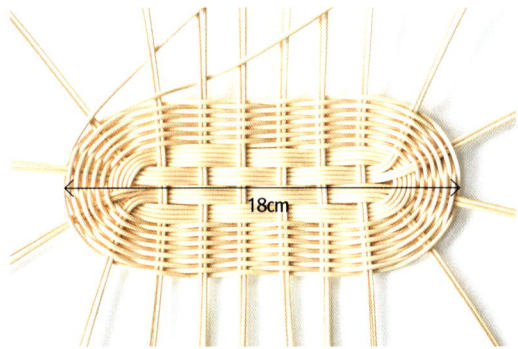

06 전체 가로 길이 18cm가 될 때까지 따라엮기한다.

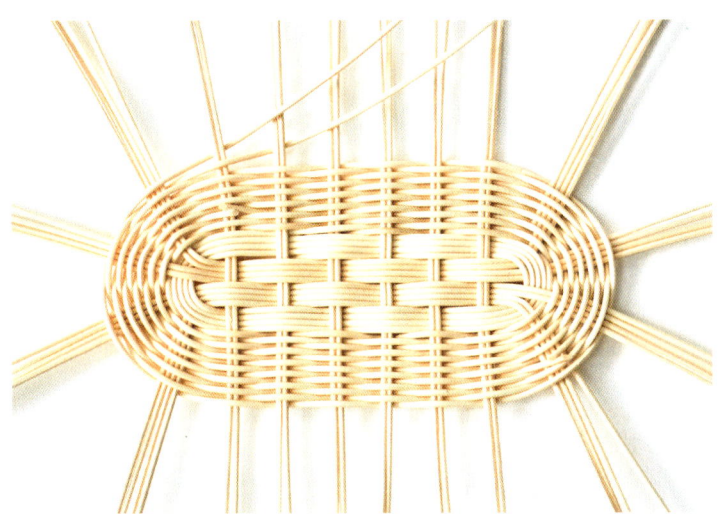

07 가로 날대 8조 양옆에 덧날대를 끼운 후, 날대 4줄이 1조가 되도록 만든다.

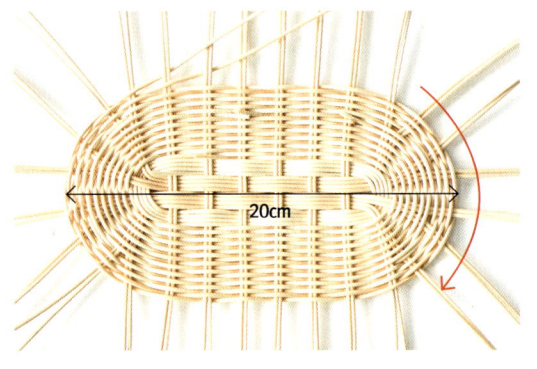

08 모든 날대를 다시 2줄 1조로 나누며 전체 가로 길이 20cm가 될 때까지 따라엮기로 엮는다.

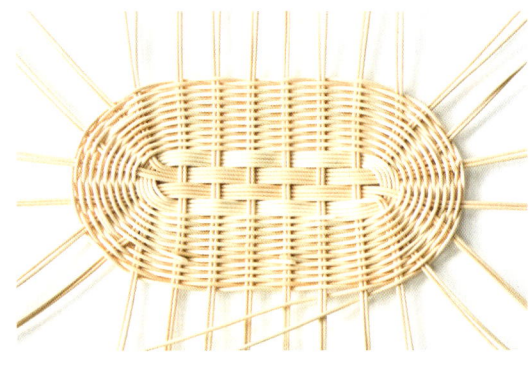

09 사릿대 두 줄이 아래로 오도록 몸체를 180° 돌린다.

10 날대를 한 번씩 접었다 편다.

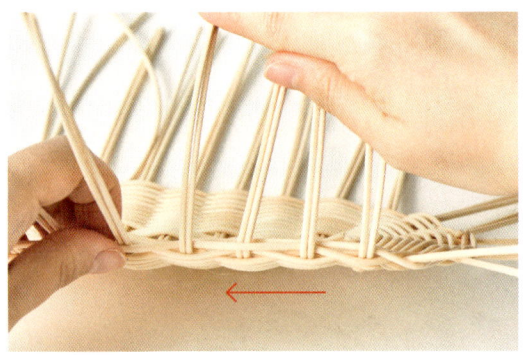

11 날대를 세우며 따라엮기를 이어간다. 이때, 엮는 방향은 왼쪽으로 바뀐다.

12 높이 3cm가 될 때까지 따라엮기한다.

13 날대를 바깥으로 동그랗게 만들며 따라엮기를 이어간다.

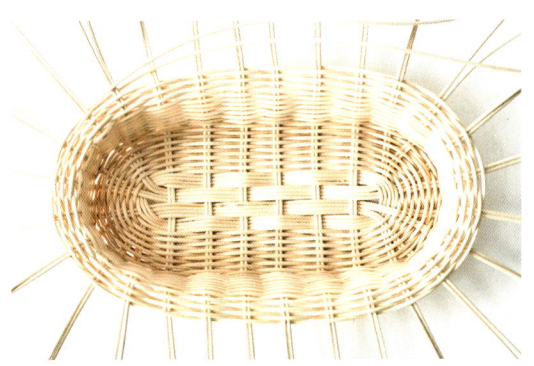

14 날대가 어느 정도 동그랗게 높이 올라갈 때까지 엮는다.

15 바구니 바깥 부분의 튀어나온 사릿대들은 미리 다듬는다.

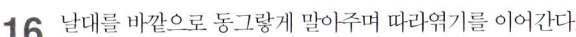

16 날대를 바깥으로 동그랗게 말아주며 따라엮기를 이어간다.

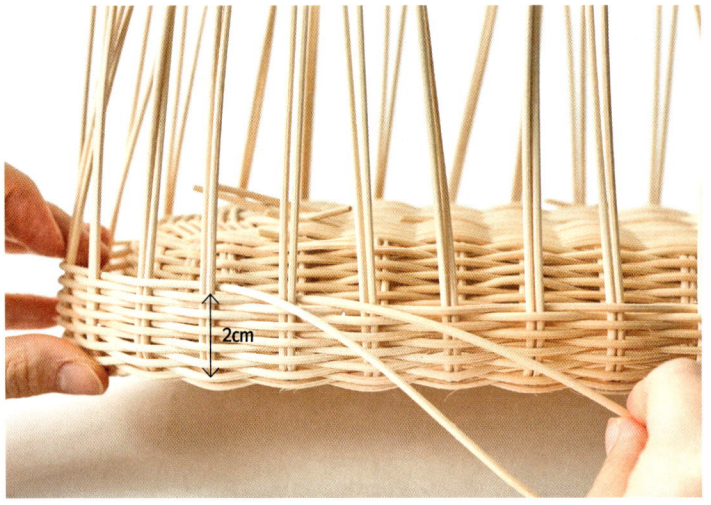

17 계속해서 바깥쪽 높이 2cm가 되도록 만든다.

2cm

18 사용하던 사릿대를 시작지점에서 모두 자른다.

19 날대 한 조씩 오른쪽 방향으로 접으며 하상하 마무리를 시작한다. 이때, 첫 날대는 끝마무리를 위해 안쪽에 여유 공간을 남기고 하상하 마무리를 한다. (64쪽 '하상하 마무리' 참조)

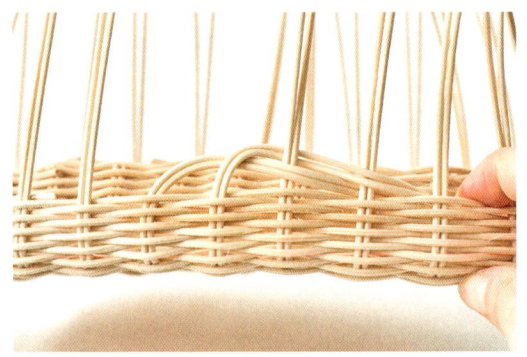

20 두 번째 날대부터는 빈틈없이 하상하 마무리를 이어간다.

A B C D

21 날대 두 조가 남을 때까지 반복한다.

22 A 날대를 B, C, D 날대 기준
으로 하상하 마무리를 한다.

23 B 날대를 C, D, E 날대 기준
으로 하상하 마무리를 하며
정리한다.

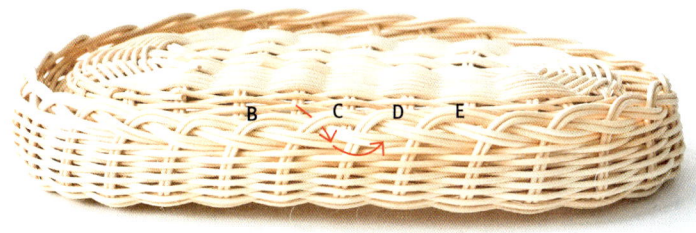

24 이중으로 만든 바구니 옆면을 누르며 통통한 모양
으로 만든다.

25 튀어나온 날대와 사릿대를 다듬는다.

14

Photo p.042

라탄 거울

재단 | 2.0mm 환심 60cm×15줄
준비물 | 지름 20cm 원형 거울

20cm

01 우물정 바닥으로 시작한다. (53쪽 '우물정 바닥' 참조)

02 시작지점부터 날대 2줄을 1조씩 나누면서 시계방향으로 막엮기한다. (56쪽 '막엮기' 참조)

03 막엮기로 지름 12cm가 될 때까지 엮는다.

04 날대 한 조를 제외하고 나머지 날대 양옆으로 덧날대를 끼워 날대 4줄이 1조가 되도록 만든다. (78쪽 '덧날대 끼우기' 참조)

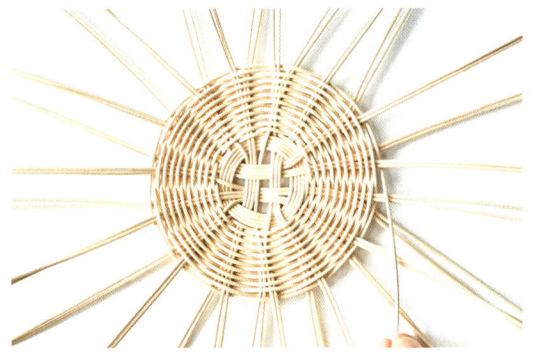

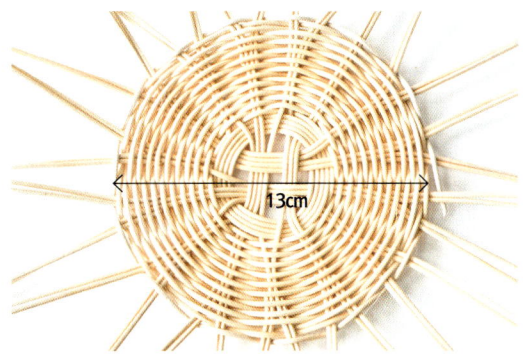

05 막엮기로 모든 날대를 다시 2줄 1조로 나눈다.

06 막엮기로 지름 13cm가 될 때까지 엮은 후, 시작지
점에서 사용하던 사릿대를 자른다.

07 새로운 사릿대 한 줄을 반으로 접어 날대 한 조에 2cm 간격을 두고 끼운다.
꼬아엮기를 이용해 울타리 무늬 만들기를 시작한다. (61쪽 '울타리 무늬' 참조)

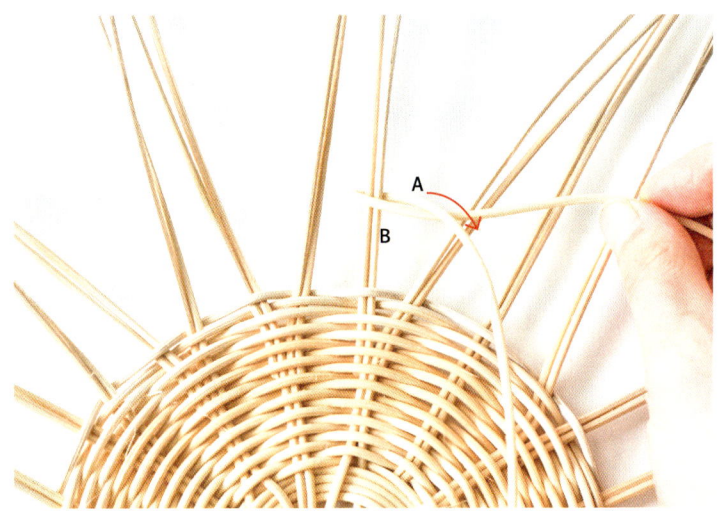

08 A 사릿대를 앞으로 꼬아준다.

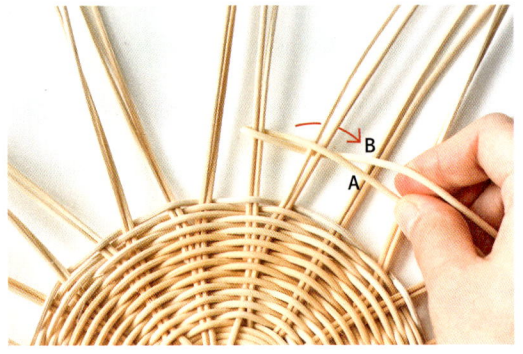

09 A, B 사릿대 사이로 다음 날대를 건다.

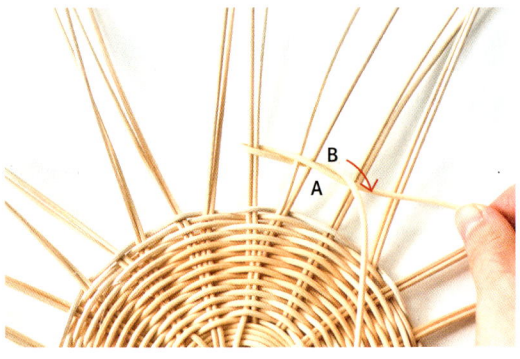

10 B 사릿대를 앞으로 꼬아준다.

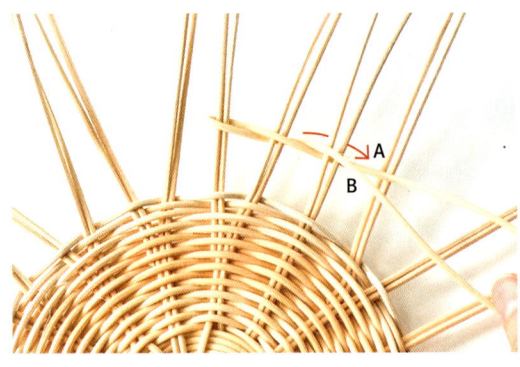

11 A, B 사릿대 사이로 다음 날대를 건다.

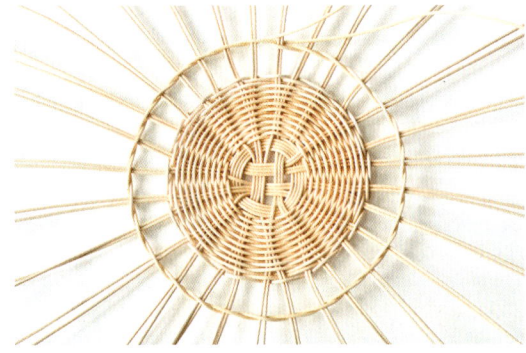

12 과정 8~11을 반복하며 한 바퀴 엮어 울타리 무늬를 만든다.

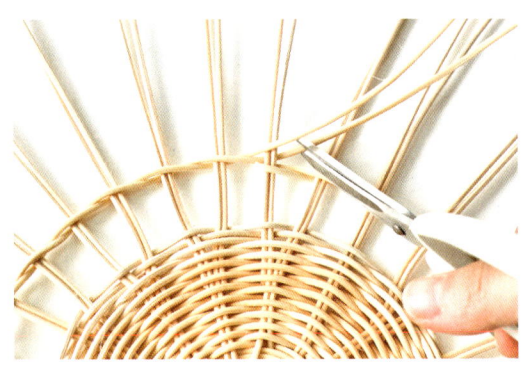

13 시작지점 날대 뒤에 있는 사릿대 한 줄을 자른다.

14 남아있는 사릿대 한 줄을 이용해 막엮기를 시작한다.

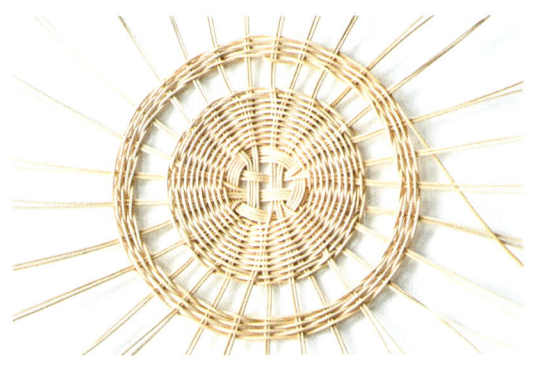

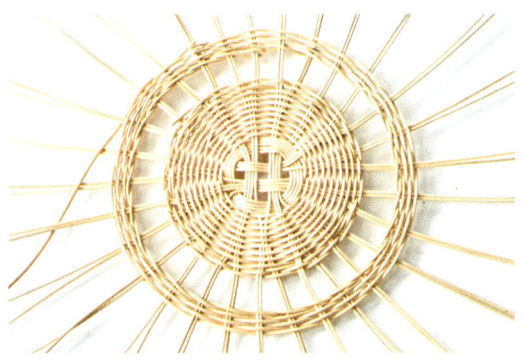

15 전체 지름 20cm가 될 때까지 막엮기를 이어간다. 이때, 준비한 원형 거울 사이즈만큼 엮는다.

16 몸체를 뒤집어 튀어나온 사릿대를 미리 정리한다.

17 작업 중인 몸체에 거울을 올린 후, 사진과 같이 날대를 접으며 막엮기를 이어간다.

2cm

18 거울 위로 2cm 정도 덮어줄 때까지 엮는다.

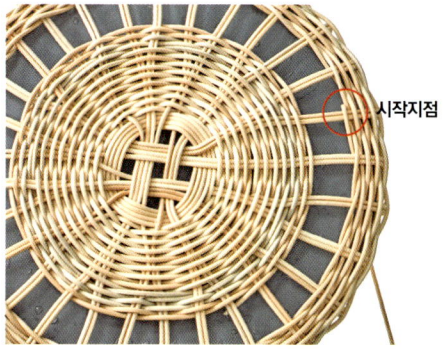

시작지점

19 사용하던 사릿대는 시작지점에서 자른다.
시작지점 찾는 방법 거울 뒷면 울타리 무늬를 시작했던 날대가 시작지점이다.

20 날대 한 조씩 오른쪽으로 접으며 하상(아래-위) 마무리를 시작한다.

21 두 번째 날대도 빈틈없이 하상(아래-위) 모양을 만든다.

22 날대가 한 조 남을 때까지 반복한다.

23 마지막 날대는 처음 접은 날대 뒤에서 나오도록 넣는다.

24 과정 23까지 완성.

25 날대 한 조를 오른쪽으로 접으며 하상하 마무리를 한다. (64쪽 '하상하 마무리' 참조)

26 다음 날대도 같은 방법으로 하상하 마무리를 하며 오른 쪽으로 접는다.

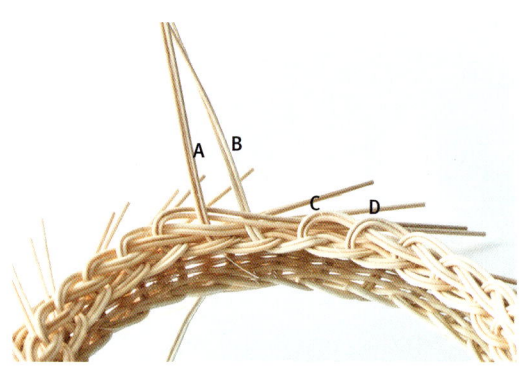

27 날대가 두 조 남을 때까지 반복한다.

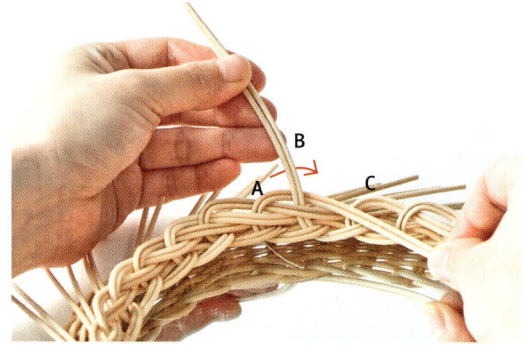

28 A 날대가 B 날대 뒤에서 앞으로 나오도록 만든다.

29 A 날대를 C 날대 틈 사이로 넣는다.

30 날대 한 조가 남는다.

31 B 날대가 C 날대 뒤에서 앞으로 나오도록 엮는다.

32 B 날대를 D 날대 틈 사이로 넣고 마무리한다.

33 과정 32까지 완성.

34 튀어나온 날대들을 짧게 다듬는다. 이때, 날대를 너무 짧게 자르지 않도록 조심한다.

15

Photo p.044

라탄 조명 갓

재단 | 2.0mm 환심 70cm×15줄
준비물 | 조명

15cm

28cm

01 우물정 바닥으로 시작한다. 조명 전선이 통과할 수 있도록 우물정 중앙 틈을 여유 있게 만든다. (53쪽 '우물정 바닥' 참조)

02 시작지점부터 날대를 2줄 1조씩 나누며 막엮기로 두 바퀴 엮는다. (56쪽 '막엮기' 참조)

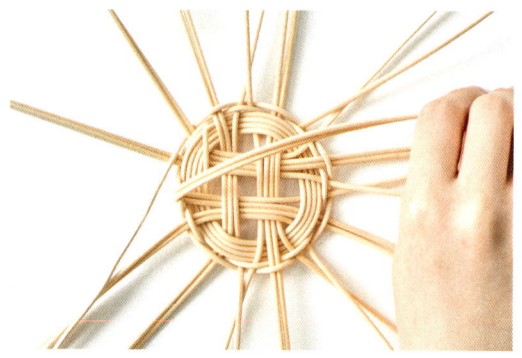

03 몸체를 뒤집어 날대를 한 번씩 접었다 편다.

04 날대를 직각으로 세우며 막엮기를 이어간다.

05 계속해서 높이 5cm가 될 때까지 막엮기한다.

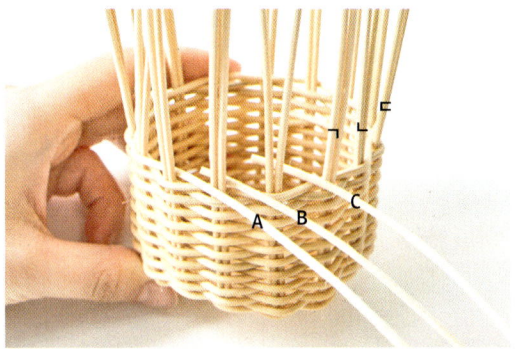

06 시작지점에서 사릿대 두 줄을 추가해 세줄꼬아엮기를 준비한다. (59쪽 '세줄꼬아엮기' 참조)

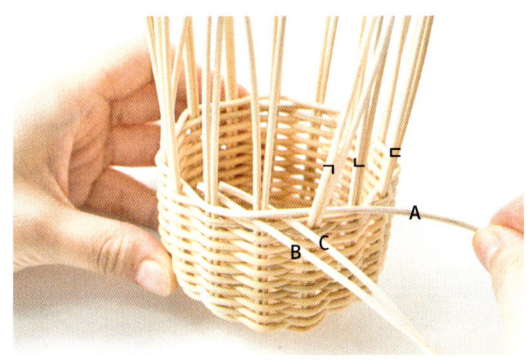

07 A 사릿대를 ㄱ 날대에 걸며 세줄꼬아엮기를 시작한다.

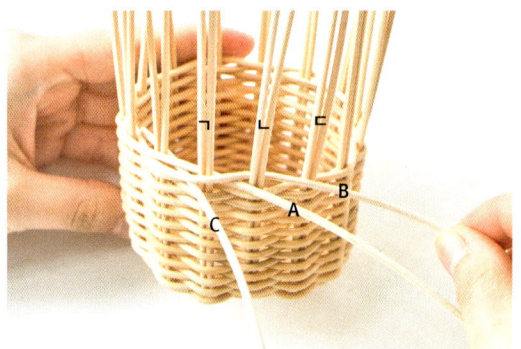

08 B 사릿대를 ㄴ 날대에 건다.

09 C 사릿대를 ㄷ 날대에 건다.

10 세줄꼬아엮기로 한 바퀴 엮은 후, 사릿대 두 줄을 자른다.

11 몸체를 아래쪽으로 뒤집어 날대가 바깥으로 퍼지게 만든다.

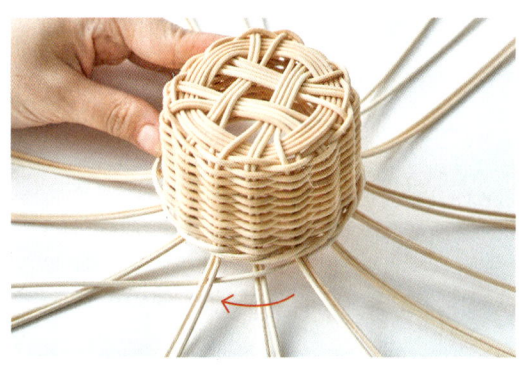

12 사릿대를 이용해 시계방향으로 막엮기한다.

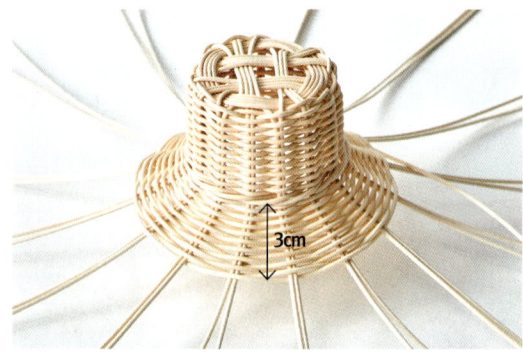

3cm

13 길이 3cm가 될 때까지 막엮기한다.

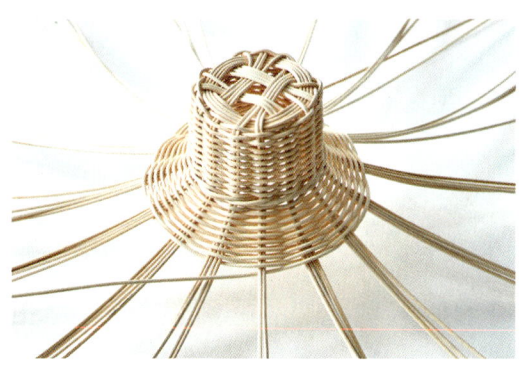

14 날대 1조를 제외한 나머지 날대에 덧날대를 끼워 날대 4줄이 1조가 되도록 만든다.

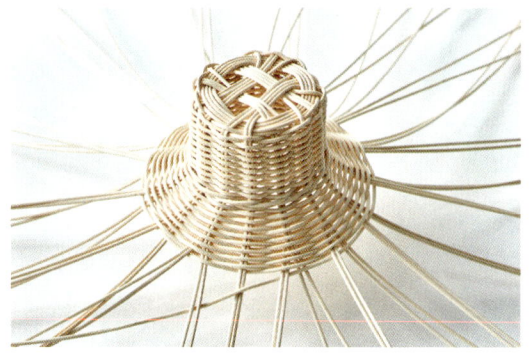

15 막엮기로 모든 날대를 다시 2줄 1조로 나눈다.

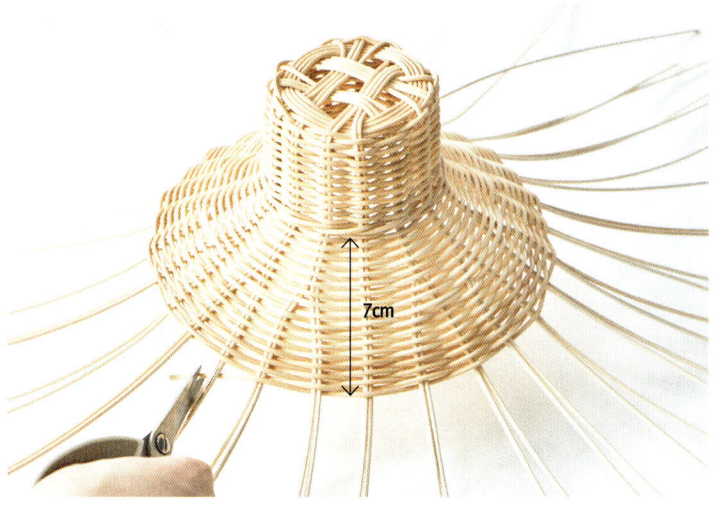

16 길이 7cm가 될 때까지 엮은 후, 사용하던 사릿대를 시작 지점에서 자른다.

17 새로운 사릿대 한 줄을 반으로 접어 X 무늬 엮기를 준비한다.

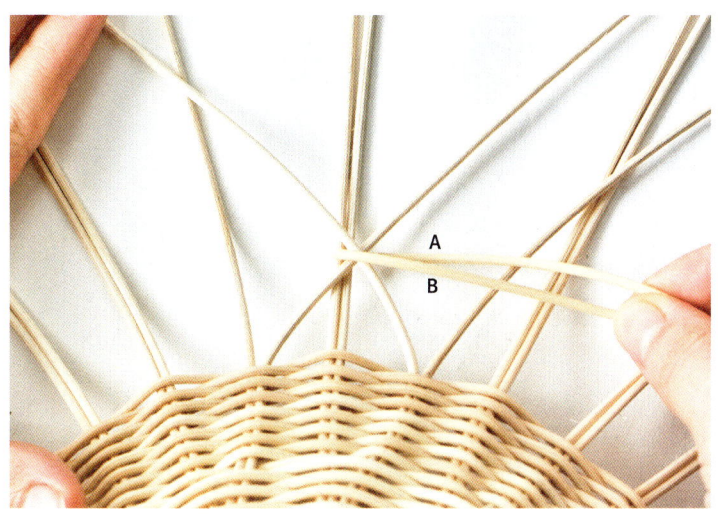

18 사진과 같이 X 무늬 만들기를 시작한다. (62쪽 'X 무늬' 참조)

19 A 사릿대를 앞으로 꼬아준다.

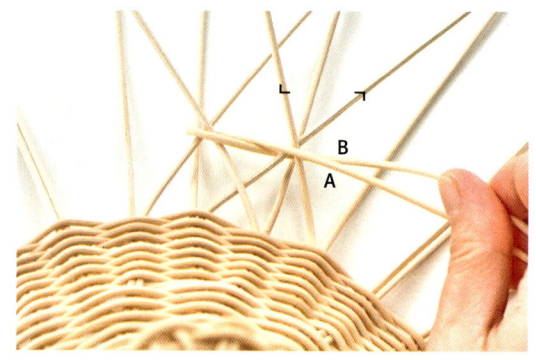

20 ㄱ 날대와 ㄴ 날대를 A, B 사릿대 사이로 넣어 사진
과 같이 X자 모양을 만든다.

21 X 무늬를 한 바퀴 엮은 후, 사진과 같이 시작지점
날대 뒤에 있는 사릿대 한 줄을 자른다.

22 꼬여있는 날대를 나란히 세우며 남아있는 사릿대
한 줄로 막엮기를 시작한다.

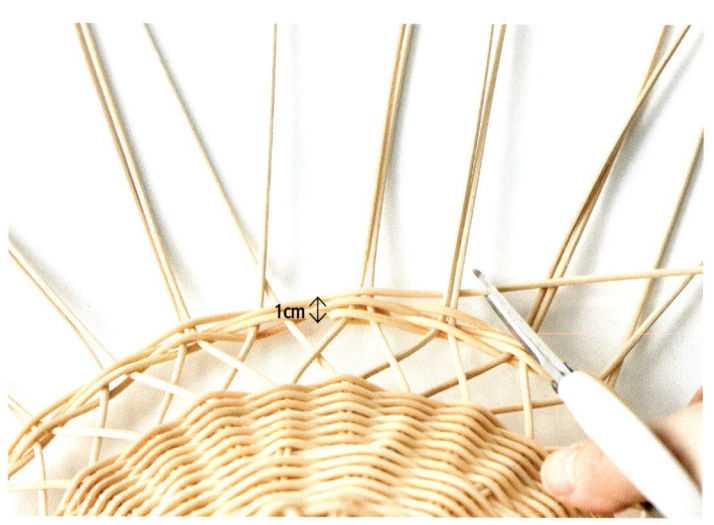

23 막엮기로 1cm 엮은 후, 시작
지점 날대 아래에서 사릿대
를 자른다.

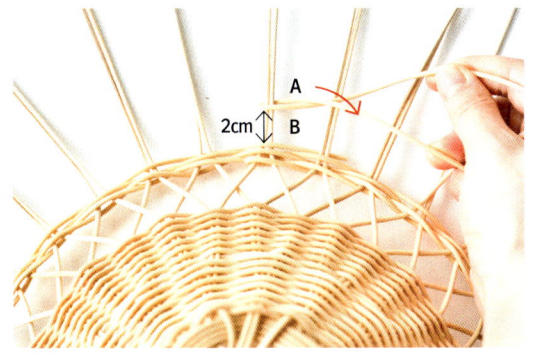

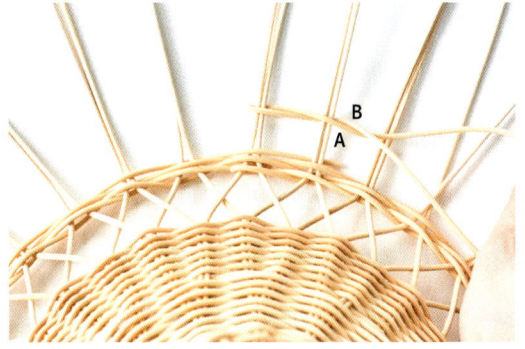

24 사릿대 한 줄을 길게 반으로 접어 날대 한 조에 끼운다.
A 사릿대를 앞으로 꼬으며 울타리 무늬 만들기를 시작한다. (61쪽 '울타리 무늬' 참조)

25 A, B 사릿대 사이로 다음 날대를 걸어 울타리 무늬 만들기를 반복한다.

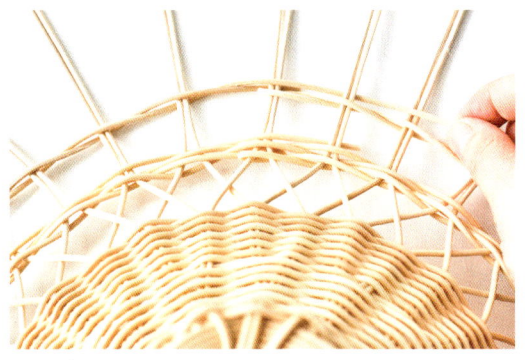

26 울타리 무늬를 한 바퀴 엮은 후, 사진과 같이 시작 지점 날대 뒤에 있는 사릿대 한 줄을 자른다.

27 남은 사릿대 한 줄로 막엮기를 시작한다.

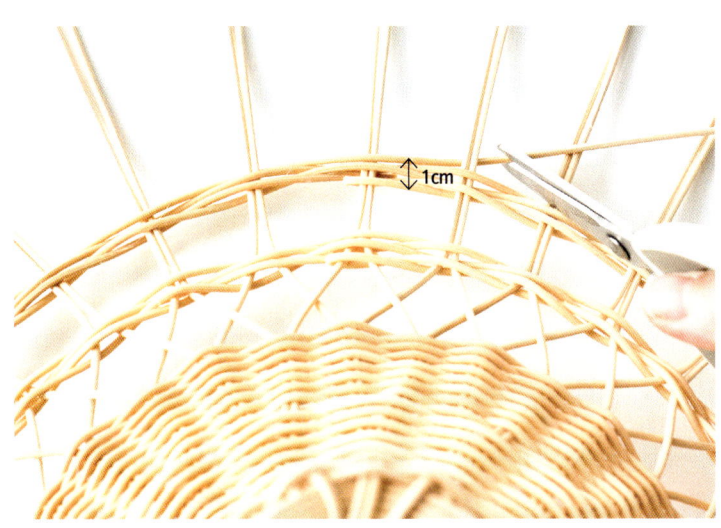

28 막엮기로 1cm 엮은 후, 시작 지점 날대 아래에서 사용하던 사릿대를 자른다.

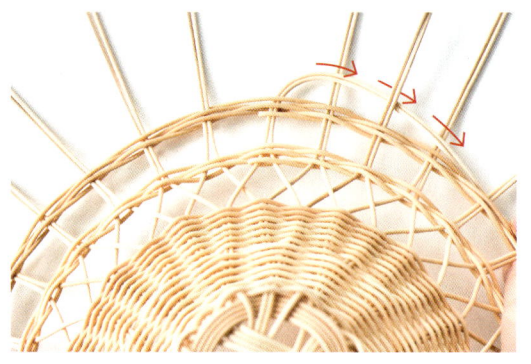

29 날대 한 조씩 오른쪽 방향으로 접으며 상하상하 마무리를 시작한다. 이때, 첫 날대는 끝마무리를 위해 안쪽에 여유 공간을 남기고 상하상하 마무리를 한다. (66쪽 '상하상하 마무리' 참조)

30 두 번째 날대부터는 빈틈없이 상하상하 마무리를 이어간다.

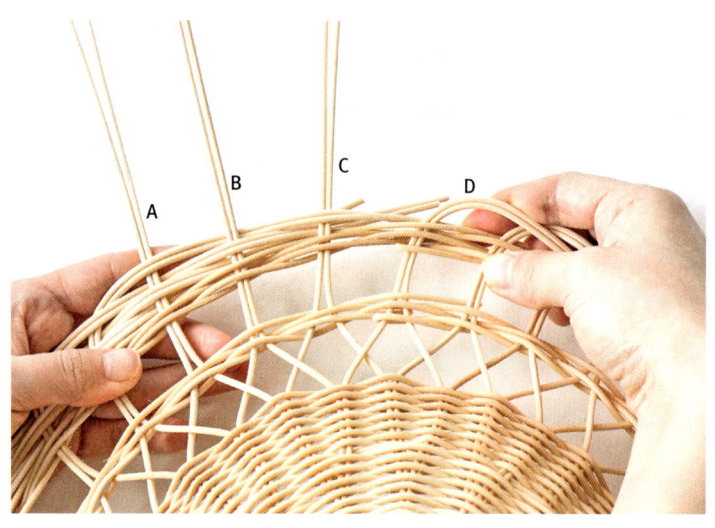

31 날대가 세 조 남을 때까지 반복한다.

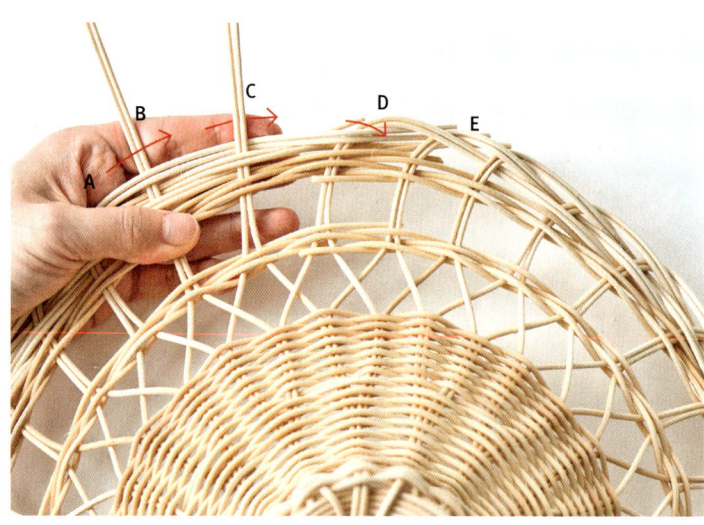

32 A 날대를 B, C, D, E 날대 기준으로 상하상하 마무리를 한다.

33 B 날대를 C, D, E, F 날대 기준으로 상하상하 마무리를 한다.

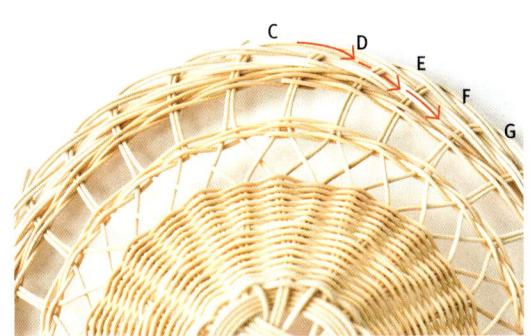

34 C 날대를 D, E, F, G 날대 기준으로 상하상하 마무리를 하며 정리한다.

35 몸체를 뒤집어 튀어나온 날대와 사릿대를 다듬는다.